西北农林科技大学出版社

Northwest A&F University

◎ 主编

罗国柱 王生明 朱向峰

畜禽养殖废污资源化利用技术

XUQIN YANGZHI FENWU ZIYUANHUA I

主编 罗国柱 王生明 朱向峰

U0772907

3-1107-6

00元

让我们心怀对党的感恩之情，

敲起威风锣鼓，

跳起太平鼓舞，

祝福我们的祖国！

扬蓄势之槌，击盛世之鼓。

一音起，

鼓声雄，众乐和，山林撼动，川流荡波。

壹引其纲，万目皆张。

鼓声欢，踏地舞天，丰登笑颜。

鼓声扬，众力并举，气清天朗。

鼓声威，逐梦苍穹，壮我河山。

鼓声壮，六合同风，九州共贯。

击鼓者号令，建设者树功。

礼序乾坤，乐和天地。

击鼓催征，响彻中华。

鼓舞中华

解读中国鼓文化

中华

海和平——编著

黄河出版传媒集团

宁夏人民出版社

图书在版编目（CIP）数据

鼓舞中华：解读中国鼓文化 / 海和平编著 . —— 银川：宁夏人民出版社，2023.5
ISBN 978-7-227-07819-7

Ⅰ．①鼓… Ⅱ．①海… Ⅲ．①鼓 - 文化研究 - 中国 Ⅳ．① K875.54

中国国家版本馆 CIP 数据核字（2023）第 097900 号

鼓舞中华 解读中国鼓文化
GUWU ZHONGHUA JIEDU ZHONGGUO GUWENHUA

海和平　编著

责任编辑　陈　晶
责任校对　杨敏嫒
装帧设计　吴海艳　冯彦青
责任印制　宋　华

黄河出版传媒集团
宁夏人民出版社　出版发行

出 版 人　薛文斌
地　　址　宁夏银川市北京东路 139 号出版大厦（750001）
网　　址　http://www.yrpubm.com
网上书店　http://www.hh-book.com
电子信箱　nxrmcbs@126.com
邮购电话　0951-5052104　5052106
经　　销　全国新华书店
印刷装订　甘肃百绘印务有限公司
印刷委托书号　（宁）0026359

开本　710 mm×1000 mm　1/16
印张　16.5
字数　160 千字
版次　2023 年 6 月第 1 版
印次　2023 年 6 月第 1 次印刷
书号　ISBN 978-7-227-07819-7
定价　58.00 元

作者简介

回族，1956年出生于甘肃陇西，祖籍安徽阜阳。

天水师范学院音乐舞蹈学院副教授，甘肃省舞蹈家协会会员，天水市舞蹈家协会副主席。曾先后担任天水师范学院音乐系主任、艺术教学部主任、艺术学院党总支书记、后勤处处长等职务。

多年来主要从事舞蹈专业教学和陇右地方民族民间艺术的研究。曾出版专著《天水旋鼓》《甘肃鼓文化探考》，在各类期刊发表学术论文20余篇。主持编排并领舞的天水旋鼓舞获第十届中国艺术节"群星奖"金奖。2000年荣获全国艺术教育先进个人荣誉称号。

序

　　在2021年，即中国共产党成立100周年之际，海和平先生的《鼓舞中华——解读中国鼓文化》已漱笔杀青，可谓献礼之作，也是其多年的学术积淀。

　　海和平先生多才多艺，艺术生命长盛不衰。从天水师范学院艺术教学部主任始，筚路蓝缕，一直走向舞蹈的世界与话剧艺术的舞台。而他对鼓的情有独钟与艺术实践，是贯穿在其艺术生命里的精神支柱。他曾出版过《天水旋鼓》《甘肃鼓文化探考》两部关于鼓文化与鼓的艺术表演的专著，有着比较厚实的鼓文化研究基础。他指导与编排的天水旋鼓舞，硬是从天水一直舞到北京的大街小巷，舞出了西北人的精神，舞出了甘肃人的倔强，也舞出了天水人的风采和天水师范学院学子的虎虎生气。由他主创并领舞的天水旋鼓舞获得第十届中国艺术节"群星奖"金奖，他本人于2000年荣获全国艺术教育先进个人称号。

近年来，已退休的他始终没有放弃对鼓的文化调查与历史研究，几年的积累，终于汇聚成了图文并茂的《鼓舞中华——解读中国鼓文化》专著，即将付梓，嘱余作序。欣然应允，乐意提笔说几句。

《鼓舞中华——解读中国鼓文化》共四章，从鼓的历史沿革到形制各异的鼓乐，从风格各异的鼓舞到鼓的传说与神话故事，鼓史、鼓乐、鼓舞、鼓之神话传说等如数家珍，一一道来。虽是对中国鼓的文化解读，但其中的感情与用功，也体现着作者严肃的学术态度和雅俗共赏的艺术追求。阐发鼓的历史沿革注重源流梳理与文化挖掘，偏重从历史记载、出土文物与类型切入；解读鼓乐长于对不同形制的鼓的音乐探索；解释鼓舞善于从风格与表演揭示艺术美感；而搜集关于鼓的神话传说则侧重人文精神的解读。该著所涉时代跨越大、地域分布广、类型风格复杂，实为难事；但作者用历史与文化交织、音乐与舞蹈互鉴、古代与现代共赏的方法，沿着文化的脉络布篇谋局，因而知识性与趣味性共生，雅与俗相得益彰。

历史意识与文化内涵及地域特色的深入挖掘

《鼓舞中华——解读中国鼓文化》对中国鼓文化的发生、发展、演进线索作了细致爬梳，历史意识鲜明，可谓一部翔实的中国鼓文化史。该著对从马家窑文化出土的陶鼓、敦煌莫高窟壁画中的鼓，以及鼓文化向民俗文化的渗透等，均作了认真梳理，对鼓的资料搜集颇为全面，可见其深厚功力。

在人类走向文明的漫长岁月中，鼓与火等都是改变人类命运、促进社会发展的极其重要的器用。在中华民族的发展与中华文明的传承中，鼓在祭祀、军事、礼仪、乐舞、政治、外交等活动中都具有重要的地位与功用。尤其它作为礼器、神器、乐器，彰显着礼仪、祭祀、庆典的庄重、严肃和欢愉。

该著全面展现了中国鼓的历史文化轨迹和发展线索，清晰地展示着鼓的历时性文化特征，这显然来自作者史的发展意识和问题意识。从时间上看，鼓出现得比较早，甚至有人认为，最早的鼓是由陶罐、陶盆等生活用具演化而来，应该是远古先民使用的器具。中国鼓文化历史悠久，早在原始社会，先民在原始歌舞中敲击石器以助舞兴，是为鼓之萌芽。远古先民还用陶土烧制成"土鼓"，并用蒉草制成鼓槌来敲打，如《礼记·明堂位》："土鼓、蒉桴、苇籥，伊耆氏之乐也"。事实上，山西襄汾陶寺遗址早期大墓出土的土鼓，约有4500年的历史。而陶鼓的出土证明了早在新石器时代就有了陶鼓的制造。1986年，甘肃省永登县出土一件马家窑文化的彩陶鼓，雄辩地说明我国鼓文化的源远流长。

"国之大事，在祀与戎"。而祀与戎的进行须靠鼓的助力与推动。在先秦时期，鼓作为沟通人神的法器，已经广泛用于国家的各种祭祀与礼仪以及生产生活中。据《周礼·地官司徒》记载，周代已专门设置了名为"鼓人"的官职，管理鼓制、击鼓等事，并制定了完整的鼓乐制度，使其更加规范地用于各种祭祀、军事及社会生活之中。如同古代鸡人报时，鼓人管理有各种用途的鼓，如祭祀用的雷鼓、灵鼓，乐队中的晋鼓等。隋唐时期已有大鼓、乐鼓、单面鼓、高把鼓等几十个种类，宋元明清诸朝，鼓已经渗透古代社会生活的方方面面，报时、报警均用到鼓，暮鼓晨钟，鼓楼、钟楼成为中国古代建筑的典型范式。鼓还逐渐渗透古代民俗文化，流风余韵，绵延不绝。直到今天，民族乐队，各种戏剧、曲艺、歌舞，赛船舞狮，喜庆集会，劳动竞赛等都离不开鼓。

种类繁多、历史悠久、内涵博大精深的鼓文化既有在漫长历史长河中由于各种不同环境和场面使用而积淀的独特文化内涵与使用规范，也有不同形制鼓乐、鼓舞表演所形成的表演特征与艺术内涵，更有鼓因特殊社会功用而形成的神秘的宗教文化内涵，这都随着社会历史文化变迁而不断丰富。

作为中华民族打击乐器中最早成熟起来的乐器种类，具有"众音之长"的鼓文化一开始就表现出浓郁的地方特色。在鼓文化特征的挖掘中，作者显然也更偏重鼓的地域文化特征的展现。该著对盛行于不同地域的鼓文化进行了深入发掘和阐释，从地域文化的视角对极富表现力的鼓乐、鼓舞进行了细致的审美文化分析，凸显了鼓与民族舞蹈的密切关系。

在我国源远流长、波澜壮阔的鼓文化中，西北地区是鼓的故乡以及彰显鼓文化特色的重要文化地域。作者用大量的篇幅挖掘流行在祖国大地上的鼓乐鼓舞及其独特的文化审美内涵，如安塞腰鼓、宜川胸鼓、绛州大鼓、开封盘鼓、朝鲜族长鼓等。但该著的西北地域文化特征非常充盈，尤其对流行于陕西、甘肃等地的鼓文化挖掘极其用心，深入透辟。如流行于陕西的安塞腰鼓，流行于甘肃的兰州太平鼓、陇东南地区的天水旋鼓等，鼓点变化多端，舞蹈动作粗犷，冲击力和阳刚之气令人感受到远古舞蹈强烈的节奏感，成为西北历史文化的重要组成部分。

鼓是中国最常见的传统打击乐器，也是人们喜爱和广泛应用的乐器之一。它从远古走来，其雄壮的声音始终伴随着人类进步的足迹，从蛮荒一步步走向文明。从古代走到了现代，并将伴随人类美好的明天。而对鼓文化内涵的挖掘，特别是作者围绕鼓的传说和神话故事所作的系统搜集和整理，在非物质文化遗产日益受到重视的今天，自然有着不可或缺的现实价值和意义。

善于从鼓的音乐形制与舞蹈风格揭示艺术美感

该著以鲜明生动的图像，清晰地展现着作者以文化为主的内涵挖掘与表演为美的实践解读，而其中鼓文化艺术美感的彰显主要来自作者对鼓的音乐形制的剖析与舞蹈风格的大胆探索。鼓的节奏、音色、力度、速度、击鼓的不同部位等要素，可以产生丰富的音色变化，形成鼓独特的艺术表现力，成为传统音乐文化的重要组成部分。鼓乐一章探究了威风锣鼓、开封盘鼓等八种形制各异的鼓乐的音乐美感。如威风锣鼓就从音响威风、曲式威风、场面威风将威风锣鼓的"威风"音乐特征分析得鞭辟入里。而鼓舞一章，十二类鼓舞，包含了安塞腰鼓舞、天水旋鼓舞等二十种风格各异的鼓舞。将鼓舞所包含的审美艺术特征揭示得清晰如画。如安塞腰鼓文鼓抒情愉快，武鼓整齐一致、快收猛放、变化神速的艺术特征，路鼓、场面鼓不同的表演场面以及以武鼓为主，文鼓、武鼓相互融合、刚柔相济的艺术审美特征；兰州太平鼓低鼓、中鼓、高鼓穿插应用的表演特点；天水旋鼓"旋（转）""灵（巧）""变（化）"的独特风格；等等。这些体现出作者善于从鼓舞的音乐形制与舞蹈风格揭示其艺术美感的分析能力和善舞能乐的艺术修养。

图文并茂与雅俗共赏的审美追求

该著中有各类关于鼓的图片120余幅，重点突出，事类鲜明，乐舞特征彰显。这些图片与文字论述相互配合，既体现了论述的形象性，又成为鲜明生动的事实材料与坚定有力的论据支撑。端详一幅幅图片，一百多幅不算多，可以几分钟浏览一遍，但渗透其中的却是作者不停跋涉调查的步履与对鼓舞、鼓乐这种群众艺术的无比热爱，是对鼓文化的坚定持守。书中的每一处解读和论述，无不体现着作者雅俗共赏的审美追求。这也是作者编著该书的初心与使命，作者秉持对艺术的热爱与追求，真正做到了图解中国鼓文化。

党的十八大以来，习近平总书记提出了在新时代要做到中华优秀传统文化的创造性转化和创新性发展，马克思主义不但要与中国的具体实际相结合，也要与优秀传统文化相结合。这一系列新思想、新观点、新论断需要比如《鼓舞中华——解读中国鼓文化》这样雅俗共赏、群众喜闻乐见的著作来展现继承创新理念。

海和平先生的《鼓舞中华——解读中国鼓文化》一书图文并茂，既生动地展示了中国鼓文化数千年历史的演进线索，又对鼓的音乐文化、民俗文化等多重内涵作了系统阐释，兼顾学术性和大众性，雅俗共赏，是了解中国鼓文化的优秀读物。虽然其中内容还需要不断完善深化。但我相信，该著的出版必将对丰富中国鼓文化的研究，满足人民群众日益增长的精神文化需求，优秀传统文化的传承、创新和发展具有积极的作用。

是为序。

2022年11月20日于博雅堂

写在前面的话

　　当我想到"解读中国鼓文化"这个课题的时候，感觉自己真有点大胆，我在想，如此大的题目，如此博大精深的中国鼓文化，我解读得了吗？我具备解读的知识储备吗？斟酌再三，我还是怀着忐忑的心情，丢掉顾虑，踟蹰着在键盘上敲出了"鼓舞中华——解读中国鼓文化"几个字。望着这个题目，我浮想联翩，中国鼓文化源远流长，博大精深，它和人类社会一直结伴而行，是我们中华民族精神风貌的象征和重要的民俗文化符号之一，它传递着祖先遗留的文化信息，包含了引人入胜的神秘色彩与历史沉淀，它更体现了人类文明与历史演进中那些最为光彩美好的东西，是不可多得、十分宝贵的一份民族文化遗产。那咚咚作响的鼓声，诉说着人们的喜怒哀乐，激发出人民对幸福生活的感恩和祈盼，每当鼓声响起，就是一次声波与心灵的互动。但长期以来，我们对这一司空见惯的"物件"缺乏系统的研究。也许是我和鼓有缘分吧，曾经，我和我的同人一起努力发掘，把隐埋于甘肃天水市武山县民间的"武山旋鼓"蜕变成"天水旋鼓"，使其完成了一次华丽的转身。由我主创并领舞的"天水旋鼓舞"，在第十届中国艺术节"群星奖"比赛中一举获得金奖，并应邀在第四届北京国际旅游节上与来自四十多个国家和地区的艺术团同台表演，"天水旋鼓鼓声响彻北京平安大街"。天水旋鼓已成为天水市的一张亮丽名片，在历年的天水伏羲公祭大典上频频上演。在创编天水旋鼓的基础上，我将编排和演出中的所得，积累整理成册，出版了专著《天水旋鼓》（甘肃民族出版社出版）。此后，在考察与采风的过程中，我发现在甘肃省境内蕴藏着丰富的鼓舞、鼓乐，这又激发了我进一步的创作冲动，但凡听闻有鼓的地方，我即刻前往搜寻，为此我自驾数千公里，跑遍了甘肃的村、镇、区、县、市。考察中历经重重困难，有时车在山顶无法行进，我弃车步行数公里，前往那位于山沟底部的偏僻村落，走访鼓的传承艺人。有时为了获取翔实的第一手资料，我还要准备些小礼品，来"讨好"那些民间艺人，得以从他们口中套取些濒临失传的"祖传秘籍"，从他们的表演中寻觅到最原始的民俗"遗传密码"，因为他们是不可多得的传承人，有些民间艺术已濒临失传，我是在进行着一项抢救性的挖掘工作，经过艰难的实地考察、潜心研究，春去秋来，历时三载，终于完成了又一部专著《甘肃鼓文化探考》（甘肃文化出版社出版），该书当年获得甘肃省高校社科成果二等奖，由此更增加了我继续研究下去的信心和勇气。

每个人都有自己的梦想，有些梦想也许永远都无法实现，但很多人会穷其一生来为实现一个梦想而努力。现在，我又为自己设定了一个看似不可能完成的难题——解读中华鼓"魂"。也许，在偌大的中国大地上，在浩如烟海的资料中去寻觅鼓的踪迹，完成如此浩大的工程，并非易事；但我不能退缩，不能放弃。我深切感到要完成这个命题，难度可想而知，但我认为这是我的义务，是一份沉甸甸的历史责任。令我感到欣慰的是，在成书的过程中，很多同行和朋友对我的这项工作给予无私的帮助，有些远在千里之外的艺术工作者为我提供有用的线索，淳朴、善良的乡民们、老艺人们对我热情支持，竭尽所能提供素材……时光荏苒，又经历了十余载春夏秋冬的轮回，经过艰苦的磨砺，今天，拙作终于和读者见面了，也许书中会有很多不足、疏漏，但我总是想着给后来的研究者留下些什么，让他们在此基础上继续研究下去，也就算给他们送上一块垫脚石吧。

本书力求通过对千百年来流传在中国大地上的各类鼓乐、鼓舞这一中国传统艺术的深入研究，探讨其演化规律、基本精神、审美特征、地域特点，挖掘其人文价值和蕴含的民族精神，通过系统总结概括，解读中国鼓文化的丰富内涵，展现中国鼓文化的历史价值与当代价值，焕发这一古老艺术的迷人风采。

从专著《天水旋鼓》《甘肃鼓文化探考》到《鼓舞中华——解读中国鼓文化》，这就完成了从地方、全省乃至全国鼓文化研究的三部曲，这或许就是圆了我的一个美丽的梦想吧。

此外，感谢天水师范学院院长、教授汪聚应博士，在百忙中为本书作序！

2022年6月于天水

目录

第四章　中国鼓的民间传说与神话故事 / 201

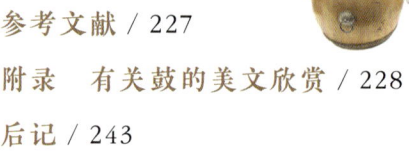

概论

　　文化，是一个民族或国家中，人民为了生存与发展，创造、传承享用的社会创造物，包括物质和精神的各种社会事物和现象。对于文化的概念，美国人类学家鲁思·本尼迪克特的定义是："文化是通过某个民族的活动，表现出来的一种思维和行动方式，一种使这个民族不同于其他民族的方式"。任何一种民间文化形式的形成，都蕴含着一定的人文、历史和地域特色。如果我们把鼓作为文化现象来解读，那么，它是中国民俗文化的载体，传递着祖先遗留的文化信息，是我们中华民族精神风貌的象征，它包

鼓舞中华

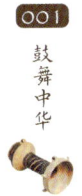

含了引人入胜的神秘色彩与历史沉淀，更体现了人类文明与历史演进中那些最为光彩美好的东西。

在中华文明史的进程中，鼓，伴随着人们一路走来，是中华民族不可或缺的礼器、神器和乐器，与中华民族的礼仪、庆典、祭祀、娱乐和劳动生活乃至战争活动密不可分，具有特殊的中华精神内涵与文化象征意义。如果我们把鼓作为艺术形式来研究，史学界在探寻艺术起源的问题时，曾有模仿说、游戏说、表现说、巫术说、劳动说等观点。从艺术学的角度分析，艺术源于巫术的理论，在现代西方理论界有很大的认同感，国内也有很多学者认为，鼓的出现是源于祭祀活动。追溯鼓的起源，它应该是多元的，并不是单一的因素，也许，先民们当初发明鼓的时候，其动因非常单纯，是在人类漫长的历史进程中，使鼓的功能得以极大的延伸，逐渐用于祭祀、乐器、丧葬、欢庆、军事等。试想，当初先民们在利用陶罐储存食物时，为了怕蚊虫进入罐中毁坏食物，或担心食物水分流失，很自然地就会用新鲜的兽皮封盖住陶罐的口，经过一定的时间后，兽皮晾干，就会紧紧地贴在罐口的边缘，当用手敲击时，会发出咚咚的共鸣声，就这样，或许鼓在先民们的不经意间诞生了，因而就有了在圆形器物上箍蒙兽皮的动作，这可能就是鼓的雏形。其实，在鼓的起源与发展中，

● 二十四节气鼓（西安鼓楼）

无不打上农耕民族文化的烙印，上古之时，人们在认识大自然的初期阶段，往往把天上雷霆的轰鸣，春天气候的温馨，万物生长的动态、声音等，都融汇于"鼓"这一实物与概念之中。以农耕为主的先民们，面朝黄土，背朝天，辛勤劳作，期盼着来年风调雨顺，有个好的收成，他们整日与土地打交道，非常了解脚下的这片土地，但不了解天，天的意志是未知的，自然灾害会随时降临，如暴雨、洪水、地震、干旱、蝗灾、冰雹等，这些不期而遇的灾难，顷刻间，会将他们一年来的劳动成果化为乌有。所以，他们把未来的希望都寄托给了"天"，当遇到大旱之年，会虔诚地向上天祈雨，祈雨过程中，主要的道具就是鼓，他们认为鼓具有非凡的神力，鼓声像雷声一样可以引来雨水，滋润农作物生长。所以《易经·系辞》有"鼓之以雷霆"之说，《风俗通义》释义："鼓者，郭也，春分之音也。万物郭皮甲而出，故谓之鼓"。《说文解字》释意也相同。古文中，郭同廓，有扩张、延伸与成长等意，由此可见，人们对鼓的推崇与其朴素的宇宙观有联系，在人们的潜意识中，鼓在人与天地自然、人与神明的交往中，可以起到某种媒介作用，这是中国古代"天人感应"说的又一体现。班固《白虎通德论·礼乐》曰："鼓，震音，烦气也。万物愤懑，震动而出，雷以动之，温以暖

🥁 战鼓

之，风以散之，雷以濡之，奋至
德之声，感和平之气也。同声相
应，同气相求，神明报应，天地
祐之，其本乃在万物之始耶，故
谓鼓也"。正是鼓的这种神秘力
量，使它具有了作为乐器以外的
多种功能，鼓，也就成为农耕民
族的精神力量，激发人们从事辛
勤的农事活动，并为其倾注了心

击鼓俑

血和灵感，赋予其非凡的神力。如鼓词所唱的那样："一
打国泰民安，二打风调雨顺，三打五谷丰登，四打太平
乐年，五打邪恶远避，六打财神入宅"。在民间文化和
艺术的发生发展过程中，由于自然景观、人文特质的差
异，催生了风格迥异的文化形态，任何艺术，在早期，
都以民俗的形式表现出不朽的风采，并以坚实的步履逐
渐走进神圣的艺术殿堂。

上古之时制造鼓，离不开兽皮与陶土，鼓的产生，
正是由于原始先民狩猎生活有了剥皮与制陶的技艺，为鼓
的制作提供了物质基础，《礼记·明堂位》记载："土
鼓、蒉桴、苇籥，伊耆氏之乐也"。表明在很早的伊耆氏
（一说即尧）之时，就已有"土鼓"，即陶器的鼓，它是

以陶土为框，两面蒙皮的一种原始打击乐器，也是由日常生活用品改制和演变而成。传说，伊耆氏用草编成的鼓槌敲击土鼓，鼓有良好的共鸣作用，声音激越、雄壮而传播很远。《吕氏春秋·古乐篇》说，尧命质将麋鹿皮蒙在瓦缶的口上，用来敲击，就类似于土鼓。当人类发明了"以瓦为框的土鼓"后，对鼓的发展和普及具有划时代的意义。土鼓在周代已十分普及，周代的工艺师在制作鼓的时候，已经具有一定的声学知识，根据《周礼·春官》的描述，"鼓大而短，则其声疾而短闻；鼓小而长，则其声舒而远闻"。应该说，从土（陶）鼓的应用到木腔革鼓的出现，是鼓发展史上一次质的飞跃。我国周代农耕文化快速发展，十分注重礼、乐、书、数、射、御六艺。威严而繁缛的周礼及与之相关的礼乐文化正在形成，国家专门建立了管理鼓乐的机构，设置了名为"鼓人"的官职，对其人数都有严格限制，规定"鼓人，中士六人，府二人，史二人，徒二十人"，并制定了一套完整的鼓乐制度，《周礼·地官》规定了"鼓人，掌教六鼓四金之音声，以节声乐，以和军旅，以正田役，教为鼓，而辨其声用"。各种鼓的质地、造型，以及鼓的功用等，在周代演化为"六鼓四金"的古俗，它源于《周礼》的"六鼓四金"一词，《周礼》规定："六鼓"的鼓名与用途是：以雷鼓鼓

祭祀用鼓（甘肃天水）

神祀，以灵鼓鼓社祭，以路鼓鼓鬼享，以鼖鼓鼓军事，以鼛鼓鼓役事，以晋鼓鼓金奏。"四金"是：以金錞和鼓，以金镯节鼓，以金铙止鼓，以金铎通鼓。凡祭祀百物之神，鼓兵舞、帔舞者。凡军旅，夜鼓鼜，军动则鼓其众。田役亦如之。救日月，则诏王鼓。大丧，则诏大仆鼓"。我们看到，这些古文中的有些字比较难懂，要通俗地理解"六鼓四金"，其大意是：祭祀天神击雷鼓，祭祀地祇击灵鼓，祭享宗庙击路鼓，调度军队击鼖鼓，召集徒役击鼛鼓，敲钟奏乐击晋鼓。用金錞调和作乐时的鼓声，用金镯节制行军的鼓声，用金铙制止退军时的鼓声，用金铎传示、发布军令的击鼓。凡祭祀百物之神，舞兵舞、帔舞，击打出鼓点节奏。凡军旅中，夜晚警戒守备要击鼜鼓，军队动，则鼓其众。田役亦如之，救日月，则诏王鼓，大丧，则诏太仆鼓。从此，鼓，更加规范地用于祭祀、军事、劳作及其他活动中。土鼓的出现为"六鼓四金"奠定了基础，它所表达的虽是三千多年前周代的鼓乐形式，但和今日中国各民族的鼓，有着一定的源流关系。随着时代的发展，鼓，也就成为农耕民族的精神力量，"鼓舞"一词已从一般意义上的鼓与舞，成为激发人们从事辛勤的农事活动和催人奋进的精神力量。

早在殷墟甲骨文中就已闪现"鼓"字的身影，"鼓"字的演进过程，一直遵循着古人造字的初衷："壴"是"鼓"的本字，甲骨文"🜲"，是在鼓"🜲"的上面和两侧各有一只手"🜲"（"又"字的简化），表示众人以掌击鼓。有的甲骨文"🜲"，省去了左右手。从甲骨文时代的图形文字来看，文字的上部和下部是甲骨文"🜲"（"女"字），表示两名女子一边跳舞一边打鼓，左右两下，手持鼓槌，似乎是在敲击鼓边，中间的图形是鼓，鼓的下部是鼓台，上部是牛头形的鼓架，去掉上下的"女"字和左边的手持鼓槌敲鼓的图形，就近似于现在的"鼓"字。再根据甲骨文"鼓"字的字形来看，左边下部的"凵"形恰恰是一个鼓台，"日"是鼓面，上边的"屮"是鼓架子，似牛头形象，应该是牛图腾的装饰，而右边"🜲"是鼓槌，"彳"是人手。从整个字的字形分析，表现的是人拿着鼓槌敲鼓的形态。由此可见，甲骨文的这个图形文字是古人打鼓场景的文字化，而当时的鼓手在敲鼓时，既

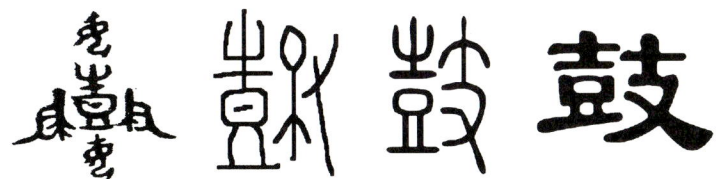

🥁 "鼓"字的演变

敲击鼓面，又配合以敲击鼓边，这更加丰富了鼓的音效和表现力。甲骨文的时代距今已几千年了，早在文字出现以前，人类的祖先发挥聪明才智，在鼓的制作和表演上，已具有较为成熟的技术和丰富的表现力，今天，我们似乎听到那远古的声声鼓响，正诉说着我们祖先不凡的经历。

土鼓是最古老的鼓，代表黄河流域农耕文化的类型；中国西南地区出现的铜鼓，有长江流域楚文化的色彩；用整段树干挖空制成木鼓，是原始农耕文化的遗存；源于萨满教的"抓鼓"与抓鼓舞，则是草原文化类型的鼓与舞的形式。随着国内各民族之间、中国与周边国家之间的交往日益频繁，鼓的造型与制作工艺，及鼓舞的表演形式更加丰富多彩。现在流传的鼓乐、鼓舞中，鼓的质地有土（陶）、木、铜、铁、竹、瓷、石等，并因造型与表演形式的不同又有各种称谓，如木鼓舞（佤族等）、铜鼓舞（壮

铜鼓（收藏于西安鼓楼）

瓷鼓（收藏于天水市博物馆）

族等）、铁鼓舞（维吾尔族、藏族）、蜂鼓（陶质）舞（壮族、瑶族等）、竹筒舞（哈尼族等）、象脚鼓舞（傣族等）、单鼓舞（汉族、满族、蒙古族等）、手鼓舞（维吾尔族）、长鼓舞（朝鲜族、瑶族等）、猴鼓舞（苗族、瑶族）等。对于各种鼓的称谓，有的是因其形而命名，如象脚鼓、蜂鼓、扇鼓、长鼓、盘鼓等；有些是因鼓所处的身体部位而得名，如腰鼓、背鼓等；有的是观其动作形态以动名词命名，如旋鼓、跳鼓、蹙鼓等；有以整体所用材质取名的，如铜鼓、木鼓等；也有因寄予人民

杖鼓（收藏于西安鼓楼）

鼓舞中华

🔴 人皮鼓（收藏于甘肃瓜州）

的愿望而得名，如太平鼓等。

从鼓的发明之初，在民间的祭祀活动中，鼓的运用就极为普遍，鼓乐、鼓舞的起源与发展，应该说与原始的巫术有着极为密切的关系，"上古之时凡祀必舞，其舞翩翩"，而这种舞就是原始的"巫舞"，"巫舞"多持鼓而舞。人们相信，鼓有辟邪气、驱鬼魅的作用。在大多数祭祀活动中，都有宰牲的内容，宰牲以后，用兽皮

🔴 达玛茹（收藏于西安鼓楼）

蒙鼓敲击，以壮声势，敬畏神灵，震慑鬼魅。鼓舞、鼓乐的表演大都以娱鬼神、图腾崇拜为主要

🔴 赤壁脚盆鼓

目的，进而转化为娱人。源于原始部落的图腾舞或傩舞中，大都以鼓为主要道具，带有浓厚的原始信仰色彩。在萨满教的"跳神"仪式中，鼓在其中起着非常重要的作用，是祭祀用的主要法器，又是"跳神"时的伴奏乐器，故谓之"神鼓"。萨满教认为，鼓是坐骑，可以乘之飞升天上，往返于人神之间，鼓声所具有的神秘作用，可以沟通人、神对话和请来各种精灵治病，萨满（即"巫"）跳神时，鼓点非常丰富，带有浓厚的原始宗教艺术特色，从巫舞而衍生了鼓、舞结合的舞蹈，它与民间舞蹈的起源有极深的渊源关系，鼓是精神的象征，舞是力量的表现，鼓舞结合开创了舞蹈文化之先河并代代相传。

远古先民通过"击石拊石"进行娱乐活动，也许，这就是先民将鼓融入音乐的动因。鼓在音乐演奏中的应用是最早、最广泛的，在殷墟甲骨文中，音乐的"乐"字，

鼓舞中华

装饰鼓（海南）

其外形酷似一副架子鼓，可见在当时，古人理解的音乐即鼓，鼓即音乐。鼓与音乐应该是相生相伴的，鼓是远古音乐的核心，处于众乐之指挥地位，古代的乐舞在开始时先要击鼓，表现周武王伐纣的《大武》乐舞，就是在奏乐之前先击鼓，以此警示众人，而使众人先存敬意，此为"先鼓以警戒"。至今，在全国各地举行的各类祭祀大典，如伏羲公祭大典、黄帝公祭大典等活动中，祭祀程序的第一项就是击鼓、鸣钟，体现出祭祀活动的肃穆、庄重与威严，可以说这是自古流传的规范。

鼓在音乐中是不可或缺的乐器，它的功能是其他乐器不能替代的。在音乐学中，一般将中国民族乐器按演奏方式，分为吹奏乐器、弹奏乐器、拉弦乐器和打击乐器四大类，而打击乐器又有"体鸣"类和"膜鸣"类之分，鼓应该属于膜鸣类乐器。作为打击乐，鼓在音乐中标示节拍、统一节奏，使众乐器演奏张弛有度、秩序井然，在乐队的演奏中，鼓具有控制节奏，表现欢快、沉重、号召等情绪性律动，起到烘托情绪和色彩的作用。鼓乐在中国的民族音乐，特别是在戏剧、戏曲的乐队中发挥着指挥的功能，除用于伴奏、合奏外，某些鼓已发展成为独奏乐器，在"长安鼓乐""十番鼓"中，就有以鼓单独演奏的"鼓段"，在甘肃"凉州古乐""敦煌古乐"的演奏中，鼓在

🥁 绘有西夏文的鼓（宁夏银川）

鼓舞中华

🥁 书鼓（收藏于西安鼓楼）

其中发挥着十分重要的作用。我国古代将乐器按发音材质分为八个种类，《周礼·春官·大师》曰："皆播之以八音：金、石、土、革、丝、木、匏、竹"，在这八音之中，"金，钟镈也；石，磬也；土，埙也；革，鼓鼗也；丝，琴瑟也；木，柷敔也；匏，笙也；竹，管箫也"。其中的"革"，就属于鼓类乐器，鼓之伴奏钟、磬、铃、锣，都是伴鼓击乐，因而，我们习惯称之为鼓乐。在全国各地的社火表演中，鼓是绝对的主角，担任着总指挥和很多表演段子的

🥁 八角鼓（收藏于西安鼓楼）

伴奏。更为称奇的是那多变的鼓点，展示出节奏的美感，具有强烈的听觉冲击力，咚咚的鼓点融进了人们复杂的情感。特别是在广东等地盛行的舞狮表演中，鼓点所表现的语言与狮子的心理活动和神态，结合得十分贴切。鼓给狮子注入了生命力，注入了活力和个性，抬腿顿足、摇头晃脑都由鼓点配合。鼓点低沉、紧密时，狮子匍匐欲动，眨眼摆耳；鼓点快、强时，狮子腾、挪、躲、闪，尽显威武之相；鼓点明快、轻敲时，狮子顽皮嬉戏，憨态可掬……

鼓与战争更有着千丝万缕的联系，首先，它应该是传递军情的重要工具，遇有紧急情况即可敲鼓报警，也可以用约定的"鼓语"，按一站一站接力的方式通报消息，即"有声之烽燧"。相传，黄帝讨伐蚩尤时，曾特制"夔牛鼓八十面，一震五百里，连震三千里"。在当时运用这种"传响"的方式传递信息，速度快且传得远。也许，鼓（声）与火（烟）就是古代最原始的通信手段吧。其次，在军事活动中，特别是在双方交战中，鼓对鼓舞士气、指挥进退和助战的作用是不可小觑的。我们所熟知的《左传·曹刿论战》，对于鼓在战场上的作用，有这样形象的描述：鲁庄公十年春天，鲁国与齐国的军队在长勺这个地方作战，庄公打算击鼓命令进军，曹刿说不行。等齐国的军队敲了三次鼓后，曹刿说："可以进攻了。"齐国的军

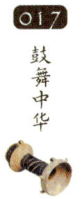

盾鼓（收藏于西安鼓楼）

队大败。庄公问这样做的原因，曹刿回答说："作战是靠士气的。第一次击鼓振作了士气，第二次击鼓士气开始低落，第三次击鼓士气就耗尽了。他们的士气已经消失，而我军的士气正旺盛，所以战胜了他们。""一鼓作气"的成语就源于此。又比如在京剧《定军山》这出戏里，黄忠的唱段中就有这样的唱词："头通鼓，战饭造；二通鼓，紧战袍；三通鼓，刀出鞘；四通鼓，把兵交。"进而在《珠帘寨》里对"鼓舞士气"有了更淋漓尽致的刻画："哗啦啦打罢了头通鼓，关二爷提刀跨雕鞍；哗啦啦打罢了二通鼓，人有精神马又欢；哗啦啦打罢了三通鼓，蔡阳的人头落在马前。"由此可见，鼓在军事活动中的运用是十分普遍的。另外，在作战中鼓还可以作为兵器使用，在西安鼓楼"中国鼓文化展"中，收藏着一面极为罕见的"盾鼓"，这面鼓十分珍贵，印证了鼓在战争中既可以助阵，也可以防守，如果面临近距离格斗，鼓还可以作为兵器使用。在安塞腰鼓、兰州太平鼓、天水旋鼓、武威攻鼓子等鼓舞的击鼓动作中，都或多或少隐含一些武术中的击技和攻防因素。在关于鼓的起源传说中，还有将兵器暗藏在鼓腔中混进城里，乘敌人不备，取出兵器，夺取城池的战例。当战斗胜利后，鼓又可助舞狂欢，人们为了庆贺胜利，表达高兴的心情，欢迎凯旋的将士而击鼓庆贺。如《周易·中孚·六三》载"得敌。或鼓或罢，或泣或歌"，描写了战争结束胜利归来的情景，战胜敌人后，有的擂鼓示勇，有的休息，有的哭泣，有的高歌。"上古之时凡戍必舞，其舞奕奕"。而此时，也多持鼓而舞，以壮声势，以壮军威，这种舞就是武舞，对民间舞蹈的发展影响颇深。追溯鼓的起源，往往与战争有着不解之缘，或者说有些鼓，就起源于战争。

方形鼓（上海）

敦煌壁画（临摹）

古往今来，鼓的用场宽泛，文化内涵更是深远。图腾崇拜时期以鼓为舞；庙堂祭祀、宫廷庆典都离不开鼓人掌教；更夫以鼓报更，军旅以鼓来鼓舞士气；古时官衙大堂悬鼓，击堂鼓可以鸣冤；佛教、道教，及僧道道场，铙鼓，伴作法事；行酒令击鼓传花，戏曲鼓板领奏，农事击鼓插秧，围猎以鼓驱兽。鼓常常被编入成语、戏文和故事，曹刿论战"一鼓作气"；东汉末年名士祢衡"击鼓骂曹"，成为不容遗忘的历史人物；"张飞击鼓古城会"，是兄弟情义相知；"梁红玉擂鼓战金山"，则是大展巾帼风范。从原始的陶鼓、土鼓、革鼓、铜鼓，一直发展到种类繁多的现代鼓，鼓始终是最为人们喜爱和广泛应用的乐器之一。鼓是大俗大雅的乐器，俗，可以是民间的欢庆锣鼓；雅，可以进入庙堂祭祀和宫廷宴集。

探寻鼓乐、鼓舞的发展历程，历史上有三个时期尤为重要，即商、周时期，唐、宋、元时期和新中国成立后这三个重要时期。在商、周时期，鼓已进入国家层面的重大活动，并制定了完整的鼓乐制度，广泛应用于礼制、丧葬、军事等方面，列入"雅乐"范畴，这一时期，先后出现了十余种鼓。唐朝是一个多元文化并存，包容性很强的朝代，盛唐时期，国力强盛，歌舞升平，对外交流频繁，一派繁荣景象，特别在文化方面是非常开放的。这一时期，各地少数民族以及外国的各类鼓，随歌、舞、乐一起走向长安，加上中原民间的传统鼓类，形成了各种鼓的一次大汇合，并随之出现了一些新鼓种，推动了鼓的大发展。敦煌壁画中出现的十余种鼓，绝大部分是唐代的鼓。据记载，唐玄宗李隆基擅长羯鼓，并作了许多羯鼓曲，据说有《色俱腾》《耀日光》

🥁 茶鼓

鼓舞中华

等九十二支曲目，可谓"鼓之巅峰时代"。宋朝，由于说唱艺术的兴起，鼓向小型化方向发展。元朝戏剧艺术兴起，有些鼓广泛地运用到戏曲的伴奏之中。新中国成立之初，为了贯彻"百花齐放，百家争鸣"的方针，文化部多次组织全国性的文艺会演等，各地的艺术工作者搜集、整理了很多鼓乐、鼓舞参加会演，集中挖掘出一批鼓乐、鼓舞。当我国进入改革开放时期，鼓乐、鼓舞又迎来大发展的机遇，各地积极挖掘、整理出很多隐藏于民间的鼓乐、鼓舞，争相申报国家非物质文化遗产名录，得以使各种鼓乐、鼓舞更加系统、规范，更具观赏性。今天，中国鼓以粗犷奔放的形象，传遍全国乃至全世界，充分展示出中华儿女的阳刚之美，激发出人民对幸福生活的感恩和祈盼。

中国人喜欢鼓，不但喜欢它的外形之美，更理解它的深刻内涵，庙堂之内，可见左鼓、右钟的格局；豪门府邸门前，单独放置鼓形的门墩作为镇宅之物，上面雕刻着各种吉祥图案。究其原委，笔者认为大致有三个方面的意图：其一，钟情外形的圆润，寓意圆满、团圆。其二，上面的图案有富贵、吉祥、平安等寓意。最主要的功能，还在于能起到警示的作用。门口放置鼓石墩的家庭，大多是官宦人家，意在警示主人出门前要常提醒自己为官清正廉明，谨言慎行，此为"以鼓警示"之用意。此外，也可能是由"上马石"演变而来。在厅堂园林里，也常见单人坐墩做成鼓形，名之曰"鼓墩""绣墩"。先秦的"石鼓文"，也是刻在十块鼓形石

🥁 石鼓凳

🔴 鼓形坐墩（江苏南京）

头上的，成为中国现存最早的石刻文字。至于配饰和玩物上的鼓形挂件，那就更广泛了，可谓形制各异、琳琅满目。每逢春节，兰州灯鼓定会闪亮登场，展示独特的艺术魅力，渲染着年节红火的气氛。

当你行走在街头，也随处可见鼓形的装饰物，上面有各类宣传、提示性语言，不得不感叹国人对鼓情有独钟。近年来，我们看到，世界上最大的鼓形建筑在安徽合肥落成，该鼓以"最大鼓形建筑"申报吉尼斯世界纪录。安塞的山

🔴 石鼓文（收藏于西安鼓楼）

🥁 鼓饰品

上也竖立起高大的腰鼓楼，堪称"天下第一鼓"。全国第
一座鼓文化博物馆，在陕西西安开馆，馆内收藏有百余面
各种形制的鼓，馆藏的一些鼓十分珍贵，特别是二十四

🥁 安徽合肥凤阳花鼓楼

🥁 陕西安塞腰鼓楼

节气鼓的精心设计，将鼓的农耕文化内涵诠释得淋漓尽致。说到鼓楼，大家都很熟悉，它最早被称为"谯楼"。史籍记载，汉代已有"天明击鼓催人起，入夜鸣钟催人息"的晨鼓、暮钟制度。在元、明时期，各地建起了规模较大的鼓楼，并成为当地的地标性建筑，在鼓楼上放置大鼓，主要作报警、报时之用，鼓早就融入人们的日常生活之中。

流传于全国各地的鼓，大多发源于我国北方地区，从总体上看，尽管中华文化的发展是多元的，学术界对中华

🔴 灯鼓（甘肃兰州）

文明的起源有"四大区域说"，即黄河流域文化区、长江流域文化区、珠江流域文化区、辽河流域文化区，但黄河沿岸一直是中华文明发祥的中心地带，是轴心，在这里产生如此丰富的鼓舞、鼓乐，也是因为这片土地文化底蕴深厚。这里的人们被大山阻隔，山路崎岖，交通不便，相互交流信息极为困难，也许这就导致了先民们将鼓作为传递消息的媒介，他们以鼓为号令、以鼓为语言、以鼓为乐器，传递着人们生活中的重大事件，抒发内心情感。鼓，是黄土高原上的旋风，它粗犷雄浑、动力十足的风格与当地自然环境、地理风貌、民风民情等浑然一体，不可分离。鼓生于民间，兴于民间，主要是在广大的农村地区，贫苦的农民，辛辛苦苦一年下来，为了感谢天地保佑了他们人畜平安，再祈求来年风调雨顺，有个好年成，便在开春之际，以如痴如醉、震动山河的鼓舞一扫晦气，迎来吉利。鼓，反映出人们在与自然界的斗争中所发挥出的聪明才智，也可以说，鼓是人们精神气质的载体和外化介质。

灯鼓（甘肃兰州）

鼓舞中华

产生于中华大地上的鼓舞、鼓乐种类庞杂，造型和表演风格差异很大，令观者应接不暇，一种鼓型就有千姿百态的打法，派生出五花八门的表演套路，形成独具一格的鼓文化。任何文化现象的产生、发展都不是随意或孤立的，一个民族的文化方式或生活方式总是体现着这个民族的文化性格，文化现象也隐含着一个民族文化的生命信息和遗传密码，中国文化的思想内核是群体意识，鼓所传递出的信息，从根本上说，就是中华民族生生不息的一种群体精神风貌，极具内聚力。在绵延数千年的历史长河中，鼓文化与其他艺术形式不断融合，在不同的民族、不同的地区，展现不同形式的艺术美感。五花八门的鼓舞，具有

 鼓舞

队形多变、刚劲豪放的特点，鼓手们通过刚劲有力和眼花缭乱的击鼓技巧以及肢体语言，再配以鼓声、钹声、锣声、喊声，塑造出粗犷、强悍、奔放、洒脱的艺术形象。在鼓舞表演中，只见鼓槌挥舞、彩绸翻飞，鼓声如雷、震撼大地、声势逼人，给观众带来气势磅礴、酣畅淋漓的艺术享受，显示出拼搏的精神状态，感受那种质朴中蕴含的力量、开阔的心胸、雄浑的气度。这种蓬勃旺盛的向上的力与气势，开放、健朗的心胸，充溢着青春活力和热情，展示出无限的想象与激情，具有理想主义的色彩。

　　鼓舞，是人们在大自然面前的心灵舞蹈，鼓手们或阳刚，或优美，或威风凛凛，或灵动轻盈，给人以强烈的视觉冲击和审美享受。当你在观赏形态各异的鼓舞表演时，一定会深切感受到它恢宏的气势和强烈的感召力，引领你理解生命的内涵，感受他们展示出的中华儿女憨厚、朴实、粗犷、开朗的性格。他们的舞姿壮阔、豪放、火热，张弛有度，活而不乱，进退有序，气势磅礴，浑厚有力，是原始力量的勃发、喷涌，具有独特的舞蹈语汇和民俗风情特征，烙上了鲜明的地域性印记。鼓所包含的内容已远远超越鼓舞、鼓乐本身，为我们研究舞蹈学、人类学、历史学、哲学、民族学、民俗学、美学等学科，提供了丰富的形象资料。由于鼓舞流传区域的不同，其风格也有很大差异，在我国北方地区，鼓舞威武朴实，雄壮有力；在南方地区，鼓舞抒情优美，充满田园风光；而地处西南边陲，身处崇山峻岭之中的少数民族鼓舞，充满着古老而神秘的色彩，独具民族特色，成为中华大地上民间、民俗艺术宝库中一道亮丽的风景线。

第一章
中国鼓的历史沿革

　　从我国鼓制的发展来看，在西周时期已出现的可命名的鼓，就有十余种，如建鼓、鼗（鼓）、雷鼓、灵鼓、路鼓、应鼓、土鼓等。在中国音乐史的发展过程中，鼓一直作为主要的乐器与其他乐器一起衍生、变化着。除了西周时期已有的鼓，春秋战国时期出现了枹鼓、铜扁鼓、悬鼓、架鼓等。在秦汉至隋唐期间，先后出现了腰鼓、齐鼓、担鼓、羯鼓、手鼓、鸡娄鼓、战鼓等，其中有些鼓也可能是从西域等地传入的。这一时期，在以燕乐为主的演奏中，鼓的种类之多、表演形式之丰富，是空前

鼓舞中华

的。鼓伴奏说唱，在汉代就已出现，但随着宋元说唱音乐艺术的兴盛，鼓的形制和种类发生了一些变化，有不少鼓渐渐成为某曲种或几个曲种的专门用鼓，如出现了小提鼓、串鼓、渔鼓，和用于说书与合奏的书鼓、板鼓，箫鼓等。明清时期出现了堂鼓、缸鼓、八角鼓等，这一时期鼓的形制逐渐向小型化和便于携带的方向发展。明代产生的八角鼓，盛行于清代，象征八旗团结，早期用于满族八角鼓戏，或八角鼓书，现在则用于单弦伴奏和山西武乡、襄垣的八角鼓书。后来，在全国各地相继出现的一些区域性鼓种，大多是在这些鼓的基础上继承、发展、演变而来，构成丰富多彩的中国鼓文化。

土（陶）鼓的诞生

鼓的发明，至少需要两个条件：一是原始先民狩猎生活中的剥皮能力；二是必须具有制陶工艺。至于制革，可能和猎获动物剥皮还有一段距离，所以在中国古代，先产生了陶鼓和鼍鼓。远古先民为什么要制鼓，也就是初始制鼓的目的是什么？可能和制陶一样，只是一种不自觉的偶然发现。制陶，产生于先民们掌握了取火技术之后，泥封肉食，烧烤后形成外壳，渐趋成陶。鼓，也可能是受到日常生活中晾晒兽皮，敲击发声的启示而发明的。至于鼓的使用，初始可能用于围猎驱兽，当灵魂的观念产生后，先民们对于种种不可解的自然现象产生畏惧心理，此时，鼓可以起到壮胆、酬神、辟邪的作用。"巫"文化就是从这里起步的，巫舞降神、图腾崇拜，形成了原始宗教的祭祀仪式，把鼓列为祭祀礼乐器，具备这样的条件，大约要到新石器时代的晚期。

永登彩陶纹饰鼓

1986年3月，兰州市博物馆在甘肃永登县大通河东岸的河桥镇和乐山坪一带，发现并收集了一批属于史前新石器时代的陶器，其中7件花纹精美、造型奇特的喇叭形器物最为引人注目。经专家分析认为，这些形式独特的器物，可能就是古代文献所记载的"以瓦为框"的土鼓。出自永登的这种彩陶纹饰鼓，主要由喇叭形的大头和呈罐口、盘口造型的小头，以及圆筒状的中腔三部分组成，前后贯通，部分器表

彩陶纹饰鼓

饰黑红相间的网格纹、锯齿纹、旋涡纹等彩陶纹饰，具有较明显的马家窑文化马厂类型早期特征，有的还保留

鼓舞中华

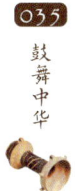

着半山类型文化晚期的风格。此外，在器物大头，也就是接近喇叭口外沿一圈布有6—12个鹰爪状翘突，翘突显然是用以固定拉牵鼓面绳索，在器物两端的适当部位，还有两个环形耳，可能是用于穿绳挎挂的，非常接近于鼓的形制。

永登县位于甘肃省东部，是河西走廊的东大门，人们为了祈盼永远五谷丰登，故为该县起了个很好听的名字"永登"。永登境内的大通河、庄浪河谷地方，气候湿润、土壤肥沃、地势平坦、水草丰美、可耕可牧，适宜人类生存。永登县境内发现的大量史前文化遗址，证明早在新石器时代，这里就有人类繁衍生息。距今1万年左右，人类进入新石器时代，黄河流域是新石器时代最发达的地区。永登境内的庄浪河、大通河是黄河的重要支流，其新石器文化十分丰富。永登是马家窑文化的主要发祥地之一，在这里，由仰韶文化延伸而来的马家窑文化十分活跃。马家窑文化距今5000—4000年，分成马家窑、半山、马厂等相延续发展的类型，主要分布在甘肃中部和青海东北部。在大通河、庄浪河两岸发现了大量文化遗址，出土了数量众多的彩陶，其中彩陶王、彩陶钵是马家窑文化的彩陶精品，永登堪称"彩陶之乡"。新石器时代有两大特征，一是农业文化，二是制陶业。出土自永登的数件马家窑文化马厂类型彩陶纹饰鼓，是新石器时期彩陶中的稀世珍品，是我国考古史上的一次重大发现。

继兰州市博物馆之后，甘肃省博物馆也征集到了十余件史前陶鼓，均出自永登。其中有一件属马家窑类型的遗物，距今5000多年，当为我国迄今发现的最早的史前彩陶纹饰鼓，堪称"中国第一鼓"，为国家一级文物。该鼓全长37厘米，大端呈钵状，口径22厘米；小端形似一折肩罐，直径12厘米；中部为一圆筒，与两端贯通。大端腔沿下一周均匀分布6个爪形翘突，大小两端器腹各有同向的扁条式圆拱耳，当为系绳并携挎而设置。与各地出土的陶鼓相比，更显其早期特色，在形制上，个体修长，两头比例缩小。中腔部分与小头大部分的外表以及口沿内部，饰黑色宽条纹、斜旋纹和锯齿纹等彩陶纹饰，线条流畅无滞，橙红色的陶面与鲜亮的墨彩相间，明快醒目，对比强烈，给人

彩陶纹饰鼓

以庄重明快的感觉，显示出马家窑文化彩陶的独特风格。从陶鼓只在大端口沿设置了固定皮革的翘突来看，这是一件单面鼓，大头是蒙制革面、受击打发声的重要部位，这类鼓，可能由击鼓人挂在身上使用。罐形的中腔与小头部分，可起到共振扩音的作用，同时在佩挂演奏时还能保持鼓身平衡，使蒙革面始终处于适合敲击的状态，造型设计相当科学。这种鼓，由于鼓的中腔部分细而长，所发出的声音应该比较清脆明亮。彩陶纹饰鼓的发现充分证明，早在5000多年前，生活在永登一带的先民们，已将土鼓用于各种祭祀与礼仪，可以将土鼓携挂在身上，并借助这种道具进行舞蹈表演或演唱。应该说是陶器的出现，为土鼓的发明提供了条件，当人类发明了"以瓦为框"的土鼓后，对鼓的发展和普及具有划时代的意义，如此看来，在人类进入文明社会之前，黄土地上的咚咚鼓乐，就已经在黄河流域广泛传响。

陶寺土鼓、鼍鼓

在1978—1980年间的考古发掘中，从山西襄汾陶寺龙山文化遗址发现了一批土（陶）鼓、木腔鼍鼓、磬、铃等礼乐器。鼍鼓的鼓腔呈竖立筒状，通高100.4厘米，直径0.5—0.9米，是用树干挖制而成，外壁通体施彩绘，口小底大，上端直径43厘米，下端直径57厘米，鼓腔外壁呈粉红或赭红底色，尚残留白、黄、黑、宝石蓝等色云纹，依稀可见几何纹图的痕迹。出土时，鼍鼓的鼓面已经腐朽，但鼓腔内散落着数枚鳄鱼骨板，由此可见，蒙鼓的皮应该就是鳄鱼皮，此为我国文献记载的鼍鼓无疑。在鼓腔内还能见到一些黑褐色的低温烧制的陶质小圆锥体，据推测，这可能是贴附在鼓皮上作为调音用的。

鼍鼓

后人认为，所谓"鼍"，其实就是鳄鱼，它用尾巴敲击自己的肚子，发出好听的声音，说起来实在有点可爱。《说文解字》解释："鼍"为"水蟲。似蜥易，长大"。鼍，按照今天的生物学分类，属于鳄形目鳄科鼍亚科鼍属，又名中华鳄、扬子鳄，俗名土龙、猪婆龙。而以鳄鱼皮之坚硬，制成鼓后，就算不能"声闻五百里"，想必敲击起来也十分响亮。在唐朝诗人李贺的《将进酒·琉璃钟》里，就有"吹龙笛，击鼍鼓，皓齿歌，细腰舞"的诗句，说明鼍鼓的使用有很长的历史。

在陶寺遗址中，同时出土的土（陶）鼓，造型奇特，体形大小不一，整体形似一个长颈葫芦，有一卵圆形的腹

🔴 陶寺土（陶）鼓

部，上接一截筒形颈，颈口有1—2周突起圆纽，颈腹交界处设竖耳一对，应该是作穿绳系挂之用，腹底中央向下突出一个筒形孔，周围环列三个筒形小孔，腹部饰绳纹并贴附捆绑式泥条。此物在发掘报告中被称为"异形陶器"，后经鉴定为土（陶）鼓，因为它和鼍鼓等礼乐器都在大型墓中成对地出土，这也是我国目前考古发现较早的实物。出土的土（陶）鼓，从外形看并不像鼓，先民们在发明鼓之初，尚无鼓的形制与概念，只不过为了敲响而已，由于出土时鼓面已经腐烂，尚不知蒙皮前的土鼓样貌，但与此同时挖掘的南方大溪文化、屈家岭文化和湖北龙山文化遗址中，也发现了以陶为腔的土鼓，山西陶寺龙山文化，经放射性碳-14测定，大约为公元前2500年至前1900年，略早于夏代中晚期，因此，土鼓、鼍鼓至少为夏代中期产物，距今已有4000多年之久。

击缶而歌

原始先民最初在娱乐活动或表达情绪时，往往会"击石拊石"，即用石头敲击，发出不同的声响，或歌或舞，这种具有节律性的音响，可能就是音乐的雏形，也是发明鼓的前奏。敲击石头进行娱乐活动，也可能就是今天打击乐的前身了。磬，就是较大型的石质打击乐器，在钟、铃、锣、铙钹等打击乐出现之前，就相继有"击石""击磬""击缸""击缶而歌"的娱乐行为，"缶"也曾扮演着打击乐器的角色，可称为原始的打击乐。

2008年8月8日晚，第二十九届北京奥林匹克运动会开幕式上，在鸟巢造型的国家体育场中央，2008名演员"击缶而歌"，发出动人心魄的声音，在北京的上空回响。缶上白色灯光依次闪亮，组合出倒计时数字，在雷鸣般的击缶声中，全场观众随着数字的变换，一起大声呼喊"10、9、8、7、6、5、4、3、2、1"，迎来了开幕式正式开始的时刻。演员们吟诵着"有朋自远方来，不亦乐乎"，表达对世界各地奥运健儿和嘉宾的热烈欢迎，这一声声强劲有力的击打，携带着华夏礼乐的传承，带着中华儿女百年的梦想和期盼。缶阵中那2008尊乐器，明明发出的是鼓的声音，为何称之为"击缶而歌"呢？这是一种什

缶（江苏无锡鸿山）

么样的古代乐器？究竟是缶，还是鼓？按《说文解字》释意："缶，瓦器。所以盛酒浆。秦人鼓之以节歌。"缶，原本是古代一种陶器，类似瓦罐，形状很像一个小缸或钵。

2004年，在无锡鸿山的越国贵族墓中，出土了一口缶，终于让人们见到了传说中缶的真容。缶，是古代盛水或酒的器皿，这种酒器能够成为乐器，是由于人们在盛大的宴会中，喝到兴致高处，便一边敲打着盛满酒的酒器，一边大声吟唱。所以，缶就演化成为土类乐器中的一种，也是最原始、最简单的伴奏乐器。在历史上，关于缶的记载，最有名的是《史记·廉颇蔺相如列传》中的典故：公元前279年，秦王派使者邀请赵王在渑池（今河南渑池县）相会，名为促进两国友好，实则是想要挟赵王。赵王知道秦王诡计多端，担心秦国暗算，便借故不去，但谋臣蔺相如与大将廉颇等考虑再三，认为赵王赴会为上，如果不去，反而被秦国笑话，灭了自己的威风。赵王认为两位大臣说得有理，决定应邀去渑池会见秦王，并命令蔺相如同行，大将廉颇在边境布置重兵，以防不测。宴会上，秦王盛气凌人，并假装醉酒，旁敲侧击，戏弄赵王，说道："寡人听说赵王善于弹瑟（一种古代弦乐器），今日盛会，请赵王弹一曲助兴。"赵王不敢不依，勉强弹了一曲。哪知赵王正中圈套，秦国的史官赶紧把这件事记载下来：某年某月某日，秦王令赵王鼓瑟。蔺相如见此情景，非常气愤，上前对秦王说道："赵王听说秦王很会击缶，今日盛会，也请大王击缶助兴。"秦王不肯，厉色拒绝，蔺相如再次相请，说道："大王如果不依，在这五步之内，我愿意以颈血溅在大王身上。"秦王左右立即拔出刀来，要杀蔺相如，蔺相如面不改色，大声呵斥，众人吓得目瞪口呆，气氛异常紧张。秦王为了解除眼前的危机，迫不得已，在缶上敲了几下。蔺相如立即命令赵国的史官记下来：某年某月某日，秦王为赵王击缶。秦王当年所击之缶，应该就近似于在无锡鸿山出土的缶，这种"瓦缶"很早就退出了乐器领域。

北京奥运会开幕式上，由2008人组成的气势恢宏的"缶阵"，听上去发出的并非缶的声音，而是鼓的声音，缶阵中缶的形制参考了1978年在湖北随州

1978年出土的曾侯乙铜鉴缶

曾侯乙墓中出土的铜鉴缶，是由青铜鉴和青铜缶套合而成，外套为鉴，缶在其中，缶的外壁和鉴的内壁之间有很大的空间，可放入冰块或温水，是用来储存食物的器具，具有类似冰箱的功能。开幕式上所敲击的缶，是在铜鉴缶上蒙上发音的鼓膜，实为鼓，是缶、鼓的组合器。从现场效果来看，集合了声、光、电高科技的缶阵，尤其是以缶面灯光打出数字倒计时，给观众以强烈的视觉冲击和审美享受，非常出彩。笔者曾预测，在北京奥运会的开幕式上，一定会出现鼓的身影，但没想到，却以如此独特的形式出现，编导组将博大精深、文化内涵丰富的中国鼓文化，在这一刻，推向了极致，鼓、缶合体，既有鼓的声音，又有金石之音，更兼有展示厚重历史的青铜器元素，让古老的乐器焕发出时代的美感，有些神来之笔的意味，充分体现了中华民族在鼓文化的发展历程中，不断探索、不断创新的意识，让人拍案叫绝。

敦煌莫高窟壁画中的鼓

在甘肃西部的茫茫戈壁沙漠中，难得有数片小绿洲，素有"东方艺术明珠"之称的莫高窟，就坐落在这里，它最引人注目的就是数量最大、内容最多、色彩最鲜的壁画艺术。莫高窟始建于前秦建元二年（366年），历经十六国、魏晋南北朝、隋、唐、五代、宋夏，到元朝终止营造。在唐朝武则天时期，建造的洞窟有1000余龛，因之，俗称"千佛洞"。

敦煌，位于河西走廊的西端，地处青藏高原北部边缘地带，是中国历史文化名城之一。汉武帝元鼎六年（前111年），这一带首次以"敦煌"之名建郡。敦者，大也；煌者，盛也。故取名"敦煌"。又因城池在鸣沙山下，古称"沙洲"。

闪烁着中华文明之光的敦煌莫高窟，是古丝绸之路上一颗璀璨的艺术明珠。莫高窟包括"榆林窟"和"千佛洞"，是中国现存规模最大的石窟，历经千年，有壁画和雕塑作品的洞窟492个，有彩塑2400多座、壁画45000余平方米，是一座巨大的美术陈列馆。千余年来，人们在这里生活、劳动，创造了闻名世界的敦煌艺术。这座集建筑、雕塑、壁画于一体的立体艺术宝库，反映了我国历代各民族、各阶层劳动生活、社会活动、科学技术、音乐舞蹈、民族风情、衣冠服饰等内容的丰富。当你置身于窟中，那神态逼真，含笑自如的菩萨；那婀娜多姿，翩翩起舞的仙女；那姿态妩媚，凌空翱翔的飞天；那五彩缤纷的鲜花，纷纷扬扬；那不奏自鸣的乐器演奏出仙曲，仿佛把你带进神仙天国，身心随着飞天飘旋。从艺术上讲，它显

🟠 敦煌莫高窟

示了各族艺术家非凡的创造才能和高度的艺术成就。

　　特别值得一提的是，在敦煌莫高窟的壁画中，描绘了包括鼓在内的各类乐器图像6000余幅，同时再现了造型各异的乐鼓身影，在很多地方对鼓有非常细致的描绘，记录了前后1000多年间中国鼓制的演进过程，其中有些鼓型早已失传，今天已很难看到了，这里可被称为鼓的博物馆，为我们研究鼓的发展提供了大量宝贵的形象资料。为了再现敦煌乐器的宏伟身姿，让古老乐器代代相传，国家一级作曲、敦煌研究院研究员庄壮先生率先复制了敦煌壁画乐器。其中有腰鼓、羯鼓、毛员鼓、答腊鼓、都昙鼓、手鼓、大鼓等打击乐器，有羌笛等吹奏乐器，有莲花琴等弹拨乐器，以及胡琴等拉弦乐器，较全面、系统、完整地再现了敦煌壁画中的代表乐器。根据各类研究资料，在莫高窟中计绘有17种形制各异的鼓，几乎将当时本土与外来的鼓都囊括其中。在牛龙菲先生所著《敦煌壁画乐史资料总录与研究》中，对敦煌壁画中几乎所有的音乐史料进行了详细的录载，特别是结合壁画中出现的各类鼓，对中国鼓的发展、演变进行了深入的分析和研究，有十分独特的学术见解。敦煌研究院郑汝中先生所著的《敦煌壁画乐舞研究》一书，更为翔实地叙述了壁画中各类鼓的功用，并将各种称谓不同、制法有差别的鼓做了详细分类。从唐代的敦煌壁画上可以看到，几乎每个乐队都缺不了鼓手。唐代乐队里鼓的样式更是五花八门，壁画中出现的鼓主要有以下几种：

鼓舞中华

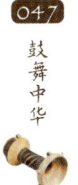

腰鼓

腰鼓，也叫细腰鼓，在敦煌莫高窟壁画中出现频率较高，从早期北凉至元代的壁画中都有出现，一贯始终，从未间断，而且形类繁多，大小不等，几乎每一只都有其特色。由于外形似蜂的细腰形状，故也称之为"蜂鼓"，其突出特征为细腰，鼓似由两个碗的底部对接而成，两端张以皮革，以绳收束，使皮膜绷紧，敲击发音。这种既可携鼓而舞蹈，又可进入乐队演奏的鼓，对后来的鼓制有较大的影响。细腰鼓演奏时大多系于腰间，也可置于胸前、腹前或席地演奏，用手拍或杖击发声。在壁画中它不仅出现于乐队中，而且是舞伎表演的重要道具，常有腰鼓独舞，或与反弹琵琶合组的双人舞场面。最具代表性的画面是榆林220窟中乐伎携鼓独舞的场景，两边有8人乐队为其伴奏。在晚唐156窟中，也有乐伎携细腰鼓独舞的画面。从壁画中腰鼓图形的演变来看，早期比较简单，愈往后造型愈精美，装饰亦愈丰富，彩绘花纹雍容华丽，显然是一种具有高度工艺水平的装饰性乐器。细腰鼓在乐队中往往排在前列，应该是起领奏的作用，类似今日乐队之首席的作用，有时一支乐队中，连用数只，前排全列腰鼓，可见其承担的造势作用也非同寻常。这种细腰形的鼓，发源较早，在我国历史悠久，种类变化甚多。自北凉至元代，在

🔴 莫高窟156窟细腰鼓（晚唐，临摹）

相当一段时期内被人们使用，在唐代使用最广，并已发展
到使用材质不同和大小不等的细腰鼓。细腰形的鼓，后来

鼓舞中华

渐渐淡出人们的视野，但在我国西南少数民族流传的鼓中，有类似的鼓形，朝鲜族表演长鼓舞使用的鼓，最接近这种形制。

鼗

🔴 莫高窟112窟鼗

即今日民间流传之拨浪鼓或货郎鼓，敦煌壁画所绘较多，此鼓由来已久，是中国传统乐器。鼗，也称作鞉鼓、鼗牢，史料描述为："如鼓而小，持其柄摇之，旁耳还自击"。鼗最早为礼乐之用，在周礼的祭祀、丧事活动中有较高的使用频率，据《周礼》记载，当时已有专门负责教导演奏鼗以及各类乐器的职位（小师：掌教鼓鼗……），有掌管演奏鼗的职位（瞽矇：掌播鼗……），有负责所有用乐时演奏鼗的职位（视瞭：掌凡乐事播鼗……），由此可见，小小之鼗，竟在当时的各类乐器中占据着重要位置。在莫高窟

112窟壁画中可见，演奏这种乐器的乐伎，通常兼拿两件乐器，同时腋间还夹一鸡娄鼓。这是隋唐燕乐中独特的演奏形式。在壁画中，对早期的鼗绘制简单，通常鼗为两三只小鼓交错重叠，用单手摇动演奏。

羯鼓

羯，源于小月氏，羯鼓，见于莫高窟126窟、112窟、172窟。羯鼓极有可能是从西域传入中原，并在中原得到改革和发展，成为重要的打击乐器。羯鼓，在壁画中始见于南北朝，盛行于唐。当时羯鼓很常见，曾有羯鼓专用的乐曲，以独奏形式出现于社会上层的音乐表演之中。据文献记载，唐明皇就能击羯鼓，还创作了一大批独奏乐曲，因此传为佳话。敦煌壁画反映了唐代音乐的盛况，羯鼓出现甚多，一般置于乐队前列，或居于高处，看来有控制全局、统

莫高窟112窟羯鼓（中唐）

领乐队节奏的意义。敦煌壁画中的羯鼓有两种形态，一种为直筒状，一种为直筒而又有绳索牵连，可横置于小木床上。演奏者或手拍或杖击，只参加乐队合奏。在敦煌壁画中，尚未发现有羯鼓独奏的图像。

鸡娄鼓

鸡娄鼓为球形鼓，两端张以皮革，鼓面直径很小，演奏时挟于腋间，一手拍击，夹鼓的手臂同时还持鼗，摇晃发音。在古籍中描述为"鸡娄鼓，正圆，而首尾可击之处平可数寸"。陈旸《乐书》载："左手持鼗牢，腋挟此鼓，右手击之以为节焉"。敦煌壁画中鸡娄鼓出现得比较频繁，独奏、合奏均使用，有时不一定持两件乐器，也有单独打击鸡娄鼓的鼓者。唐代的鸡娄鼓雕漆彩绘，异常瑰丽，如莫高

🥁 莫高窟112窟鸡娄鼓（中唐，临摹）

窟12窟、220窟，榆林窟25窟，均为典型图形。

扁鼓

壁画中的扁鼓，如今日民间说唱音乐所用之书鼓，鼓身扁圆，两面蒙皮，鼓框中部略突出，鼓面直径小于鼓框直径，鼓膜沿着鼓的边缘，用小铁钉固定。只见于榆林窟第3窟西夏千手千眼观音经变图中，是敦煌壁画后期的乐器。史料记载，用鼓伴奏说唱在汉代就已出现，但随着宋、元说唱音乐艺术的兴盛，鼓在形制和种类上产生了一些变化，这一时期鼓的形制逐渐向小型化和便于携带的方向发展。以扁鼓形制为代表的各类小型鼓渐渐成为某一个曲种或几个曲种的专门用鼓，在今天的戏曲、戏剧等表演中还常能见到它的身影。

答腊鼓

答腊鼓呈扁平圆筒状，中间没有细腰，鼓面也为上下两片，用绳索连缀绷紧，鼓面直径略大于鼓框直径。演奏时一手托鼓，一手拍击，弹叩摩擦鼓面，古时也称揩鼓。敦煌壁画中出现频

🔴 莫高窟220窟答腊鼓（初唐）

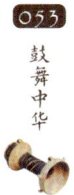

繁，图像中鼓身短，鼓面直径大，呈直筒形，用手拍击，状若今日的小军鼓。此鼓后来失传，汉族乐队则以一种扁鼓取代之，见莫高窟220窟、321窟。

都昙鼓

莫高窟220窟都昙鼓（初唐）

古代腰鼓的一种，其名称在古文献中多见。唐代杜佑《通典》记载："都昙鼓，似腰鼓而小，以槌击之"。通常把那类细长、直径较小的腰鼓称之为都昙鼓，是比较符合文献所述的，莫高窟146窟、220窟中有此图像。

毛员鼓

腰鼓的一种，莫高窟237窟、258窟有此鼓图像，此名称常见于唐代文献，多部乐中列入编制，曾用于天竺、龟兹、扶南乐中，杜佑《通典》载："毛员鼓，似都昙鼓而稍大"。分辨壁画中毛员鼓的办法，就是将比腰鼓稍大者、鼓面隆起者、腰身略粗者，称之为毛员鼓。根据文献，毛员鼓与都昙鼓、腰鼓的不同之处是，毛员鼓用手拍击，不用鼓槌，这也是一种区分方法，但也有例外，敦煌所绘鼓类，用手拍，或捶击，兼而有之，还有一手执槌，一手拍击者。因此，不能绝对分清，一般是把粗大形的腰鼓定为毛员鼓。

莫高窟85窟毛员鼓（晚唐）

大鼓

亦称为建鼓，为佛教庙宇起居报时工具的暮鼓，在音乐活动中有时也用这种大鼓，宫廷乐队有此编制。敦煌壁画的各种音乐图像中没有见到过，只见于经变画。《劳度叉斗圣变》中与钟相对，置于框架之中。大鼓的鼓形在发展的过程中没有多大变化，与军鼓的形制类似。

节鼓

多称之为堂鼓，鼓框木制，两面蒙皮，以小钉固定，鼓框直径略大于鼓面直径。节鼓是一种中型鼓，是汉族传统鼓，在壁画中多有出现，一般不用于乐队，多出现在零散伎乐的场景中，如莫高窟第158窟有一菩萨乐伎就敲击此鼓。

檐鼓

隋唐时用于西凉、高丽诸乐部，《旧唐书·音乐志》载："檐鼓，如小瓮，先冒以革而漆之"。其形态为一头大，一头小。敦煌壁画中出现数只，如莫高窟249窟、45窟，后来不复见。这种鼓有可能也是从西域传来。新疆维吾尔族音

● 莫高窟45窟檐鼓（中唐）

乐中，在演奏吹打乐时常用一种黑色的鼓，这就是檐鼓的形状，当地称之为"纳额热"鼓，鼓的腔体使用铸铁材质。

齐鼓

隋唐时用于西凉、高丽诸乐部。《古今乐录》描述为"齐鼓如漆桶大，一头设齐于鼓面，如麝脐，故曰齐鼓"。敦煌壁画中有这种鼓，形状如腰鼓，一头略大，

横系于腰间，
鼓面有一突出圆
形物，即所谓
"脐"。此鼓上
的"脐"为何
物，在声音上有
何特征，尚不得
而知，敦煌壁画
中的齐鼓，见于

● 莫高窟285窟齐鼓（西魏）

第285窟，后来不再出现。

军鼓

军鼓是古时军乐队之中的专用鼓，可见于莫高窟第
156窟《张议潮统军出行图》，此为大型世俗仪仗场面，
雄壮威武，前面引路骑马的数名军乐队员右手持槌，四马
驮军鼓，鼓身扁平，立于马背，似今日军乐队所用之大军
鼓。这是研究我国古代军乐的重要图像资料。

手鼓

手鼓是一种扁框的膜鸣乐器，形似今日的新疆手鼓，
其形扁平，木框，只一面蒙皮，演奏时一手持鼓，一手
拍击，或以小槌击之。与新疆手鼓不同之处在于边框无
小铁环，鼓面绘有图案。莫高窟中早期未见，出现于晚

唐及宋元时期，见于莫高窟233窟、85窟。

雷公鼓

在莫高窟285窟和249窟的窟顶壁画中，描绘了雷公击鼓的场景，画中有一力士，兽头，

莫高窟85窟手鼓（晚唐）

人身，鸟爪，臂有羽毛，张臂击鼓。这一古老的雷神形象，是从动物形象变化来的，所以，壁画上的雷神（鼓手）长得像人又像兽，豹头环眼，巨口獠牙，手和脚都似野兽的爪子。这是把勇猛的兽、机敏的人、善飞的鸟的特点集中起来，组成了一个新的形象，象征着雷声，具有震慑作用。壁画中，在雷神的周围有十二面鼓，环绕一圈，249窟中画的是鼓的侧面，更为写实，鼓呈圆桶状，中腰略凸，两头稍小，与我们今天的腰鼓很像。285窟中的雷神周围也画有十二面鼓，鼓画作圆形，是从上向下俯视鼓面的角度，装饰感很强。由于壁画所表现的主要是佛教题材，有观点认为此神是佛教中天龙八部众之一的"阿修罗"的属

神。其实，这一形象
也是综合了道教等中
有关雷神的传说。据
传，雷公和电母是一
对天神，司掌天庭雷
电，雷公名始见《楚
辞》，因雷为天庭阳
气，故称"公"。对
于雷神或雷公的形
象有很多种描述，
在《山海经》中，
雷神住在东海的流
波山上，像只没有
角的牛，苍灰色，只

🥁 莫高窟249窟雷公鼓 （西魏）

有一只脚，能够自由出入海水，每进出时，必有大风雨，
其光如日月，同时吼声如雷。也有描述成"犬首鬼形，白
拥项，朱犊鼻，黄带，右手持斧，左手持凿，运连鼓于火
中"。也有传为兽形，或似鬼，或似猪，而以猴子的形象
居多，因而在民间有"雷公脸""雷公嘴"之说。比较有
代表性的形象可概括为：状若力士，袒胸露腹，背插双
翅，额生三目，脸赤色，如猴状，足如鹰鹯，左手执楔，

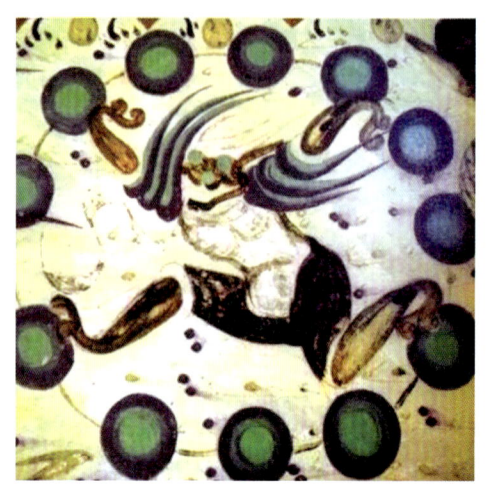

🔴 莫高窟285窟雷公鼓 （西魏）

右手持槌，呈欲击状，自顶至傍，悬挂数鼓，左右盘蹴一鼓，击鼓即为轰雷，它能辨人间善恶，主持正义，代天执法，击杀不孝、不义的有罪之人。中国古代画工在这里重点是要画出"雷声"，但画出声音难度很大，于是，聪明的画工想到了乐器中的鼓，鼓敲击出来的洪亮而巨大的声音，与天上的雷声何其相似，人们自然会联想到雷声了，所以，雷神就被画成一个神人击鼓的形象。在壁画中，雷神的周围环绕着一圈鼓，这种同时击打多个鼓，在古代叫作"连鼓"，近似于今天的架子鼓。在壁画中雷公所击之鼓，近似今日之小腰鼓或堂鼓的形象，由此可见，在魏晋时期，这种小型的腰鼓或堂鼓就已具雏形。

敦煌莫高窟是佛教艺术的宝库，壁画中之所以出现大量的鼓，是由于壁画所表现的主要是佛教故事、经变等内容，而鼓在佛事中的使用也是非常频繁的，晨钟暮鼓是中国佛教寺院的一个重要特征，起着传递信息、警众止昏的作用，鼓与寺院的日常生活有着紧密的关系。在寺院里常能看到左边鼓、右边钟的布局，在日常佛事中，鼓更发挥着重要的作用，有法鼓、茶鼓、斋鼓、更鼓等。也许，当寺院的鼓声响起，会使善男信女产生一种震撼与敬

🥁 天水净土寺鼓亭

🥁 诵经鼓

畏，使他们闻声精进，远离愚蒙，让身心在鼓声中涅槃重生，回归佛性。一位佛教信徒曾对寺院的鼓声发出由衷的赞叹："是夜，皓月当空，古刹梵宇，琼阁玉树，一片清辉。信步而行，忽闻咚咚之声骤然响起，入耳入心，甚为快愉，遂

立鼓楼之下，屏息谛听。则鼓手缓缓而击，或隐或显，引人入胜，渐渐由缓至急，其声紧慢相参，音声和畅，起伏回环，如大珠小珠落玉盘之响。而后重手击之，如雨点似雷声，隐隐轰轰，如春雷之震蛰，万马奔腾，有雷霆万钧之力。槌点轻重相应，节奏分明，或疏或密，或独击或叠响，轻缓时似蜻蜓点水，云中漫步，重击则如当头响雷，海底掀浪。让人心神震荡，热血沸腾，一声声，一阵阵，透过耳根，直响到人的心底……"

敦煌壁画上描绘的鼓形千姿百态，飞天乐神携鼓翩翩起舞，栩栩如生，令人目不暇接，各种乐舞场面似与人间乐舞场面没有什么差别。她们是飞出楼阁的天宫乐伎，在天空中形成浩浩荡荡的乐舞队列，飘带袅袅，舞姿轻盈，行云流水。更令人惊叹的是，那些系着飘带的各种鼓以及琵琶、箜篌、笙、笛等乐器凌空飘行，它们都没有人演奏，这便是所谓"不鼓自鸣"的"天乐"。其实，这是中国古代画工发明的"画"音乐的办法。这与佛教东传后，中国艺术家在绘画中追求的空灵感有关，意在产生画外音，即"自鸣天乐"，所表达的境界，就像壁画中的飞天，她不长翅膀，却能自由飞翔，在西方人的概念中，只有长着翅膀的小天使才能飞，那形制独特的鼓和几十种乐器图像，所合成的神圣而美好的音乐壁画，形象地再现了当年丝绸之路音乐的盛况，丝绸之路的音乐对中国乃至世界的音乐发展都有很大的影响，它早已飞出敦煌，走向世界。

虎座凤架鼓

出土于湖北江陵望山楚墓的虎座凤架鼓，应该是战国时期楚国的乐器种类，是一件难得的艺术佳作。出土时，整体已腐朽，只剩下鼓架的轮廓，之后按原作模样复原。这面鼓做工精细，逼真传神，只见两只昂首卷尾，四肢屈伏，背向而踞的卧虎为底座，虎背上各立一只长腿昂首、引吭高歌的鸣凤，双鸟踩踏虎背为架，昂首展翅，神采飞

🥁 虎座凤架鼓 （收藏于荆州博物馆）

鼓舞中华

扬，背向而立的鸣凤中间，一面精致的小鼓悬于凤冠之上，反映了楚人崇尚鸣凤，向往安详、和平的意识以及征服猛兽、不畏强暴的精神，这既是鼓乐，也是驱邪镇妖的虎座祥瑞。

中国鼓留存的民俗符号及文化内涵

鼓，是我们中华民族精神风貌的象征和重要的民俗符号之一，在长期的发展、传承进程中，有形制各异的鼓乐，也有五花八门的鼓舞，从形式到内容，一直保留着丰富的民俗元素以及深厚的文化内涵。鼓舞的表演和鼓乐的演奏，具有鲜明的民族特色，极具艺术感染力。

🥁 鼓饰品

勤劳智慧的劳动人民，在长期的生产生活实践中，创造了很多具有吉祥、平安、喜庆寓意的民俗符号，大都以图形的方式保留了下来，比如蝙蝠（福）、鹿（禄）、桃（寿）、石榴（多子多福）、春联、剪窗花、年画等，体现着勤劳智慧的劳动人民对美好生活的期盼，可谓"图必有意，意必吉祥"。从全国各地流传的各种鼓的外部图形上，可见一斑。在鼓体上，通常都绘制或雕刻很多民间图案，图案寓意深刻，形态各异，体现着人们对于社会的态度和审美追求，体现了人们在长期的社会发展中积淀的民俗文化。

太极八卦图

全国各地流传的各种形制的鼓，几乎都绘有太极八卦图这一古老的哲学符号，不但在鼓面上特别突出了太极八卦图形，表演阵形也多涉及"八卦阵"，表演人数往往要凑足64位，以合六十四卦之意。通过八卦相叠而推演出的《易经》，是中华民族传统思想文化中，自然哲学与人文实践的理论根源，是古代汉民族思想、智慧的结晶，被誉为"大道之源"，是古代帝王之学，也是中国人民长期以来行为处世的行动指南，比如，"天行健，君子以自强不息；地势坤，君子以厚德载物"。事实上，《易经》的核心就是阴阳之间的相互转换，而中华儿女的思维方式，也

鼓舞中华

🥁 旋鼓

离不开阴阳辩证法。《易经》广博精深，包罗万象，纲纪群伦，是中华民族传统文化的杰出代表，开创了中华民族文化之端。

相传，伏羲氏始画"八卦"，在伏羲文化的精神里，最本质的内容是崇尚自然，它包含了人们揭示自然规律并遵循自然规律，改造自然的哲学思想。因而，在各类鼓舞的表演中，要内容与形式相统一，在动作形态上刚柔相济、自然流畅。人们特别钟情于"八卦"的思维意识充分说明，擂起鼓而变八卦触阴阳，"仰则观象于天，俯则观法于地，观鸟兽之文，与地之宜，近取诸身，远取诸物"，"以通神明之德，以类万物之情"，充分表露出天、地、人、鼓合而为一的思想，成为各类鼓舞起始的"心象"特征。在鼓舞、鼓乐的表演气质上，充分体现出伏羲文化的人文精神和思想内涵，追求自强不息、百折不挠、努力进取、刚健有为的精神，以积极乐观的态度主导人生，充满生命的活力。在表演风格，即鼓风上，力求体现自然雄浑的气势、沉稳豪迈的步履、坚韧执着的神态和粗犷豪放的品质。

龙形图案

中国人崇龙的习俗由来已久，出于对龙的喜爱和崇拜，龙最早就成了我们中华民族的原始图腾。在各地流传的鼓的鼓体上，通常绘有"二龙戏珠"的图案，在队形变化中有"龙摆尾"，仪仗中有"龙旗"，在服装设计上，抽象地绘制出龙首、龙鳞、龙爪等元素。龙，这一虚幻的神物，是先民们集

太平鼓上的二龙戏珠图

合许多动物及某些天象的形貌特征（如龙卷风、闪电的形状），经过漫长岁月的演变，创造出来的灵物，人们出于对大自然的崇拜与五谷丰登的美好愿望，在心中构造了一种拥有马头、鹿角、蛇身、鱼鳞、鹰爪、鱼尾等特征的神兽，并赋予它翻云覆雨、兴风作浪的神力。龙，是中华民族的象征，每一个中华儿女都是"龙的传人"。作为一种文化现象，在中华儿女的心中，龙占有不可取代的地位，它盘旋在中国人的心中已有8000多年之久。龙，集日月之精华，汇天地之灵气，具百兽之形，兼包容四海、吐纳百川之胸襟。

那么，二龙戏珠图案中的这个"珠"，又是从何而来呢？龙，为什么要"戏珠"呢？太阳，是我们对"珠"的一种理解，我们见到的那些二龙戏珠图案，其"珠"多有火焰升腾，分明是一枚"火珠"或"火球"，在"珠"下面常绘有滔滔海水，可以理解为这是太阳跃出海面的场景。这样看来，二龙戏珠就有太阳崇拜的意思了，这个图案应该是太阳崇拜和龙崇拜的交融。另外，有研究者认为，龙珠就是龙卵，龙戏珠，实际上就是龙戏"卵"，是龙这个神物，对生命的呵护、爱抚和尊重，其中体现和表达的，是古人的一种生命意识，是对传承不息的生命现象的认识、理解和发挥。

民间"吞珠化龙"的传说，为"二龙戏珠"提供了另类的注脚。有一个少年割草（或打水）时，得到一颗宝珠，此珠放到米缸涨米，放到钱柜生钱。一个财主知道后，带人来抢珠，少年情急之下，将此珠放到口里，却一不小心咽了下去，于是口渴求饮，缸里的水喝干了，又去喝河水、江水，喝着喝着，头上冒出了角，眼睛外凸，身子便长出鳞、爪，即化为龙了。这个传说，广泛地流传于四川、浙江、广东等地，从中可见"珠"的珍贵，以及"珠"和龙生命相依的关系。

龙，具有深厚的历史渊源，是中华民族精神与文化的象征，是中华儿女情感的纽带，中华龙形象神奇，主要象征正义与吉祥。在鼓身上绘有龙的形象，显示了人们认为龙可以呼风唤雨，祈祷风调雨顺、五谷丰登。中华儿女骄傲地认为自己是龙的传人，意在用融合团结、创新奋进这一龙文化的显著特征使鼓舞达到形神兼备之目的。

凤凰图案

凤凰，是中国古代传说中的百鸟之王，和龙一样，是汉族较早的民族图腾，"丹凤朝阳"是中国传统的吉祥图案之一，也是征兆吉祥的艺术题材。百姓常把"丹凤朝阳"的艺术作品陈列家中，以兆好运，寓有完美、幸福、吉祥、前途光明的含义。《山海经》是这样描述凤凰的：

太平鼓上的丹凤朝阳图

"有鸟焉，其状如鸡，五采而文，首文曰德，翼文曰义，背文曰礼，膺文曰仁，腹文曰信，是鸟也，饮食自然，自歌自舞，见则天下安宁"。这段话意为山中有一种鸟，形状像普通的鸡，全身上下是五彩羽毛，被称为凤凰，头上的花纹是"德"字的形状，翅膀上的花纹是"义"字的形状，背部的花纹是"礼"字的形状，胸部的花纹是"仁"字的形状，腹部的花纹是"信"字的形状。这种叫作凤凰的鸟，吃、喝很自然从容，常自个儿边唱边舞，它一出现，天下就会太平。雄为凤，雌为凰，其总称为凤凰。因此，凤凰一词为合成词结构，凤凰齐飞，是吉祥、和谐的象征，是一种代表幸福的灵物，日常生活中，凤凰均代表女性，常用来象征美丽、祥瑞。在鼓体上绘凤凰图形，突显了民间对凤凰的钟爱。

三环九扣

在各类单鼓的鼓柄上，都缀有响环，以增强鼓的音效，而环的数量，多为"三环九扣"（也有"三三九连环"之称）这一约定俗成的制式。我国民间，对"三"和"九"很偏爱，是人们最推崇的数字，"三"有"三皇"之意，以及"三才者，天地人。三光者，日月星。三纲者，君臣义"。"九"数大，又与"久"谐音，因此，自古以来为人们所喜爱。"九"除了表示事物的数量和顺序，还常表示"多"的意思。"凡一二之所不能尽者，则约之三以见其多，三之所不能尽者，则约之九以见其极多"，"天地之至数，始于一，终于九焉"，"九"是最高数，超过九，就要进一位，又回到"一"了，因此，自古至今，常用"九"表示"多"。"九鼎"，便成为传说中一个国家最重要的传国之宝，并留下了"一言九鼎"的成语，以示说话的分量之重。这还表现在，凡事要用"九"作计量单位，"数九"便是一例，以"九"为标准数字，

● 扇鼓上的三环九扣

勾勒出冬季的天气变化情况，"九九歌"便在民间流传，这些"九九歌"巧妙地利用自然界的一些生态现象和天气征兆，反映冬季九九中的气候变化规律。

历代皇帝更是偏爱"九"，他们穿"九龙袍"，造"九龙壁"，只不过是利用了"九"与"久"的谐音，渴望万寿无疆、江山永固而已，老百姓如此崇尚"九"，并在鼓的构造上体现"九"，是期盼我们生活的社会长治久安。

尚红习俗

中国红，是中国人的魂，是国旗的红，在中国大地上的各类鼓，几乎都呈红色。中国人的尚红习俗由来已久，它记载着中国人的心路历程，经过世代承启、沉淀和深化，成为中国文化的底色，构成一道缤纷的中国传统色彩的风景线。在我国的民间活动中，无论是祭祀、节庆、宗教活动或各种风俗的红白家事，都是以红色寓意吉祥、喜庆，例如，春节贴春联，门口挂红灯笼，做"红桃果"，燃放满地红鞭炮等，几乎皆与红色相映。因为红色象征着热烈、奋进、喜庆、祥和、兴旺、浪漫、团结的民族品格，也意味着百事顺遂、祛病除灾的期望。尚红习俗源于古代先民对日神虔诚的膜拜，因为太阳象征光明、生机、繁荣、温暖和希望，中国红吸纳了朝阳最富生命力的

🥁 腰鼓舞

元素，采撷了晚霞最绚丽迷人的光芒，在鼓乐、鼓舞的表演中，大红色的鼓，配以大红色的彩绸，舞动出火热的激情，展现在人们面前的是一片红色的海洋，既给人以强烈的视觉享受，又给人以积极向上的激励。它以丰富的文化内涵，盘成一个错综复杂的中国结，高度概括着龙的传人生生不息的历史。无论你身居何处，只要看见一抹靓丽的中国红，定会点燃你心中的激情。如果说中国人的信仰是有颜色的，那一定就是中国红。

除了以上图案，还有许多民俗图案绘制或雕刻在鼓体上，比如蛙符号，云南铜鼓上有蛙的纹饰，多是立体造型，四只蛙匀称地分铸在鼓面的边沿，反映出古代农耕民

族对蛙的重视以及对蛙的图腾崇拜，将这种崇尚鼓声的古老意识，一直延续在鼓的身上。壮族至今还有祭青蛙的节日，认为蛙是雷神的女儿，通过它可以祈求雷神给人们带来风调雨顺、农业丰收。有些鼓还绘有太阳纹的图案，这与古代民族的太阳崇拜有关。还有"狮子滚绣球"的图案，有些鼓乐的曲牌也叫"狮子滚绣球"，有些队形阵法也称"狮子滚绣球"。舞狮子，为民间的喜庆活动，由绣球组成的图案又叫"绣球锦""绣球纹"等，一直以来，民间视"狮子滚绣球"为吉祥、喜庆、英武、活泼且寓意祛灾祈福。遗留在各类鼓上的民俗图案，寓意丰富，历史悠久，这些不同的图案或纹饰，有助于研究古代风俗和舞蹈文化的源流。

🔴 铜鼓太阳纹

第二章
形制各异的鼓乐

鼓，是远古音乐的核心，古代乐舞，开始先要击鼓，表现周武王伐纣的《大武》乐舞，就是在奏乐之前先击鼓，以此警戒众人，使众人心存敬意，此为"先鼓以警戒"。我国古代将乐器按发音质料分为八个种类，即所谓的"八音"：金、石、丝、竹、匏、土、革、木。其中"革"，即鼓类乐器，鼓作为"众音之长"，是古老乐器之一，在中华民族打击乐中，它较之吹奏、弹拨、拉弦乐器，是最早成熟起来的乐器种类，在原始部落的音乐活动中，鼓占据重要地位，至今，在民乐和戏曲音乐中，都以

鼓为指挥。从文物、文献中可知，夏、商、周三个朝代的乐器之中，鼓更为发达，如鼗、踏鼓、悬鼓等。由此可见，先民们就是受到打击乐的灵感启发，从而发明了音乐。鼓在音乐演奏中的应用是最早、最广泛的，在殷墟甲骨文中，音乐的"乐"

🥁 大鼓

字，其外形酷似一副架子鼓，可见，在当时古人理解的音乐即"鼓"，从一个侧面反映了古代音乐活动中，鼓类乐器所占有的重要地位。鼓在音乐中标示节拍、统一节奏，使众乐器张弛有度、秩序井然。鼓在众乐器中可以表现欢快、沉重、号召等，起到烘

🥁 甲骨文"乐"字

托情绪和色彩的作用，是不可或缺的主要乐器，它的功能是其他乐器不能替代的，可谓"鼓之地位，众乐之指挥，内涵深远"。原始社会，人们只知敲击石器给舞蹈助

兴或用于伴奏，并用黄草制成鼓槌来敲打，即"土鼓、蒉桴、苇籥，伊耆氏之乐也"。进入陶器时代，人们能用陶土烧制成土鼓，土鼓、苇籥等乐器和歌舞结合则是古代的"乐"，即歌、舞、乐三者融于一体的乐舞雏形。白居易的动人诗句："心应弦，手应鼓。弦鼓一声双袖举，回雪飘飖转蓬舞"。更是写尽了胡旋女人无可比拟的绰约风姿。

鼓伴奏说唱在汉代就已出现，但随着宋、元说唱音乐艺术的兴盛，鼓在形制和种类上产生了一些变化，有不少鼓渐渐成为某个曲种或几个曲种的专门用鼓，比如，出现

 鼓伴奏说唱

了小提鼓、串鼓、渔鼓，用于说书与合奏的书鼓、板鼓、箫鼓等。明清时期，出现了堂鼓、缸鼓、八角鼓等，这一时期，鼓的形制逐渐向小型化和便于携带的方向发展。在后来漫长的社会发展过程中，先后形成了风格各异、分布广泛的各类打击乐种类。如流行于江浙一带的"十番鼓""十番锣鼓""十番箫鼓"等多种形式；流行于广东潮州一带的"潮州大锣鼓"，还有"西安鼓乐""山东鼓吹""辽南鼓吹""福州十番""浙东锣鼓"等。河南遂平大铜器是由大小锣、鼓、铙、镲等十多件乐器配合敲打起乐，气势非凡，还能通过抑扬顿挫的乐音和演奏者的神情动态，来表现一定的主题。如表演"孙悟空大闹天宫"时，当击铙挥舞至高潮时，数名持铙者同时将十几面十多斤重的大铙抛向高空，又同时接住，其精湛的技艺，为人们赞叹不已。在全国各地流传的鼓乐，形制各异，数量众多，它们的表演是以追求演奏时的音效为主，由于鼓所处的位置限制了乐手的行动，不便于做出复杂的肢体动作，虽然有舞动的身体姿态，但多配合鼓、锣、铙、镲的简单动作，舞蹈语汇简单，故将这类鼓列入鼓乐范畴比较贴切，它可称之为鼓乐或乐舞，比如，威风锣鼓、开封盘鼓等。可以说，中国是打击乐器的故乡，打击乐器在中国具有悠久的历史，民间锣鼓有数百种之多，形式多样，各具特色，以下就国内具有代表性的鼓乐的发展概况及艺术特征，做简要分析。

威风锣鼓

威风锣鼓，主要流传于山西省临汾市的洪洞、汾西等地，现在已普及全国各地，在各种庆典活动中，常能见到它的身影。山西是中国古代文明的发祥地之一，威风锣鼓，据说是在尧帝时期出现的，距今已有4000多年的历史。在山西，锣鼓乐内容丰富，种类繁多，有威风锣鼓、花敲鼓、讶鼓、花鼓、转身鼓、扇鼓、黄河锣鼓、太原锣鼓、晋南花鼓等，世代流传，经久不衰，并各具特色。尤

 威风锣鼓

其是威风锣鼓、黄河锣鼓、太原锣鼓，总体风格以节奏强烈明快、场面壮阔见长，尤为出色。在山西锣鼓文化里，涵盖着丰富的神话与传说、图腾崇拜以及巫术等古代宗教意识，堪称研究中国鼓文化的活化石。

威风锣鼓，作为一种民间打击乐，经过历史长河的洗礼，更加光彩耀眼，深受广大群众的喜爱。观赏威风锣鼓的演奏，最直接的感受就是威风，主要表现在：其一，音响威风。看威风锣鼓，在未见其形时，早闻其声，而且如雷贯耳，非同凡响。其实，它所使用的乐器很单纯，只有鼓、锣、铙、镲四件。传统配置比例是鼓二、锣八、铙四、镲二。现在人数增加，多到四五百人，加大了鼓和锣

🥁 威风锣鼓

的比例，使声音更加突出。其二，曲式威风。威风锣鼓的曲牌，既独立成章，又连缀成套。其多段体套曲一般分帽头、主体、收尾三个部分；曲式、句式、节奏多为行进式；曲牌名称亦大多从军事而来，如"单刀赴会""三战吕布""四面埋伏""五马破曹""六出祁山""七擒孟获"等。演奏时，多从擂鼓开始，起伏相间，张弛结合，但又不脱离气势雄宏的主题，营造出一种刀光剑影、兵刃相交的战场意境。其三，场面威风。威风锣鼓的演奏多达几百人，一律是古代士卒装束，摆开一个接一个的战阵，前后进退，左右开合，一忽儿风卷残云，一忽儿雨打枯叶，分开似"八卦"，云集阴阳双合，那场面实在惊人，也着实感人。其四，舞姿威风。乐手在表演时，结合鼓点和场面变化，做出种种舞姿、身段。鼓手有左右开弓、马步冲击、穿插对打、开合斗打；锣手有反扣前冲、回扣后弓；铙镲手有大镲高翻、胸前空翻，还有单翻、双翻、斜镲、正镲等，鼓、锣、镲在这里演变成刀枪剑戟，乐手已成为将、尉、卒，威武雄壮，"舞"成了"武"，呈现出一股杀气。演奏中又巧妙自如地运用了"鼓花""锣花""镲花"，加之手腕上的彩带装饰，整个场面显得五彩缤纷，给人以悦目舒畅之感。威风锣鼓的演奏者，在敲击大鼓、锣、镲中，倾情舞动，把自己生命的律动和祈求

鼓舞中华

丰收的愿望，都融会于表演之中，他们配合默契，动作整齐划一，气势磅礴，威风凛凛。强奏时，鼓声震天，镲光闪烁；轻奏时，又如春雨滋润禾苗，给人们带来愉悦与鼓舞，这该是《易经·系辞》"鼓之以雷霆，润之以风雨"的意境。古老的黄河文化，铸就了动人心魄的山西民间艺术，以威风锣鼓为代表的山西锣鼓，以粗犷、剽悍、雄奇、自然的地域特色，表现了黄河儿女淳朴、率直、激昂、豪迈的情怀，并富有新时代的风采。

开封盘鼓

盘鼓，是河南省传统民间文化活动的重要组成部分，在全国也享有很高的声誉，最具特色的有开封盘鼓、武陟盘鼓等。开封盘鼓鼓队由十几人至几十人组成，是一种纯鼓乐形式，起源于古代军队中流行的一种鼓乐。在当地，一面鼓，称为"一盘"，乐队中有多少面鼓，就称之为多少"盘"，故将此鼓称为"盘鼓"。有资料显示，盘鼓源于古代的"讶鼓"，并且一直被称为"讶鼓"。在一些地区，常将某种鼓，称为"讶鼓"，其实正确写法应为"迓鼓"。笔者认为，"迓鼓"并不是某种鼓的特有名称，而是泛指鼓的用途，"迓"，在《说文解字》中释义为"迎接"，用于"迓宾""迓客"。"迓鼓"之名有两种含义：一是迎接仪式中演奏的鼓乐，在古代军队中，用于迎送贵宾及凯旋庆典。在民间，则用于迎神、送神、求雨等风俗仪式及节日庆典活动。二是有行进间演奏之意。因此，如果将某一种鼓称为"迓鼓"，是不确切的，任何一种鼓，都具有"迎接"功能。

开封盘鼓所用乐器以鼓为主，配以大镲、马锣等铜器。鼓队无固定编制，规模可大可小，一般按鼓二、镲一的比例配备。最小的鼓队有十几个人，大的鼓队由几十人甚至百余人组成。鼓队所用的木框扁鼓统一形制，演奏时，将鼓的背带斜挎在左肩，鼓置于腹前，鼓面向上，用双鼓槌击奏。

● 开封盘鼓

击鼓方式有击鼓面、击鼓边、击鼓框、双槌互击等。铜器多用大镲（民间称之为"帽儿镲"），传统鼓队中，常配有四面或八面马锣，演奏中，锣手常常将马锣抛向空中，马锣落下后，接在手中继续演奏，称之为"撂马锣"，近

鼓舞中华

🥁 开封盘鼓

年来，擅长此技者越来越少，目前各鼓队均已不再使用马锣了。鼓队无论规模大小，均有一人手持一面写有"令"字的三角形小旗担任指挥，称作"令旗"，鼓队正式表演时，通过手中的小旗指挥鼓队演奏时的起止、强弱、速度等，同时还要指示鼓的节奏，以保证鼓队鼓点整齐。因此，持令旗者在鼓队中起着总指挥的作用。

开封盘鼓有原地演奏与行进演奏两种表演方式。原地演奏时，鼓队常围成一个圆圈，令旗位于圆心，鼓手们面向令旗背对观众。行进演奏时，小的鼓队常走成四横排，第一、第四排是镲，中间两排是鼓，令旗位于第一排和第二排之间，为了能看到令旗，第一排镲手常常面向令旗，退着步子行进。较大的鼓队，通常排成四路纵队，中间是鼓，两边是镲，令旗在最前面，面向鼓队，退步行进。

开封盘鼓的鼓谱，属套曲结构。各鼓队所奏的全部鼓点称为"套"，每套鼓谱，均由若干个鼓点按固定的顺序连接而成。每一套鼓谱之间，所含鼓点的数量不等，最少的有三五个鼓点，多的有十几个鼓点。比如，最有代表性的"老得胜鼓谱"，就由"老得胜""头道花""二道花""三道花""架三棒""葫芦炮""羊抵头""双嘟噜""抽梁抽柱""单游四门""双游四门""十六棒""狗咬狗""花三点""凤凰单展翅""凤凰双展翅""凤凰三点头""狮子滚绣球"十八个鼓点组成。在这套鼓谱中，前四个鼓点是基本鼓点，因为它们集中使用了开封盘鼓各种不同的节奏型鼓点。这些鼓点中的一些基本节奏型，在之后的各鼓点中反复出现，有的是原节奏型，有些是经过某种变形的，尤其是"架三棒"，其节奏型穿插在各个鼓点中，被称作"鼓魂"，鼓谱中的这一特点，使得开封盘鼓的鼓点风格统一，富有变化。

开封盘鼓所用的大扁鼓，属低音鼓，所用的镲，也多

为大镲。当几十面鼓、几十副镲一起敲响时，气势十分宏大，远听如惊雷，近听如万炮轰鸣，颇有排山倒海之势、惊天动地之威。加之鼓点复杂多变、节奏强烈，表演热烈、粗犷豪放，具有一种原始、粗放、古朴的艺术风格。同时，变幻莫测的鼓点和整齐清晰的演奏，又使之带有一种细腻的、成熟的韵味。开封盘鼓，这种融粗犷与细腻、器乐演奏与舞蹈表演于一体的独特的鼓乐，无论是在听觉上还是在视觉上，都给人以极强烈的感染力，这正是开封盘鼓的艺术魅力之所在，也是它深深扎根在开封民间，久盛不衰的原因。

绛州鼓乐

绛州鼓乐，流传于历史文化名城山西省新绛县。新绛县位于山西省西南部，运城北部，吕梁山南端，为晋、陕、豫三省交汇之地，历来在政治、文化、经济方面居于重要地位，绛州鼓乐源远流长，历久弥新，源于先秦，盛于明、清。绛州鼓乐常用的乐器主要有扁鼓、小鼓、大鼓、花盆鼓、战鼓、拍板、梆子，以及锣、铙、镲等铜制的响器，表演时，根据乐曲内容的需要，往往对乐器进行不同的组合。绛州鼓乐大致可分为赛社锣鼓和鼓吹锣鼓两大类，赛社锣鼓也称为"闹年锣鼓"或"社火锣鼓"，主

绛州鼓乐

要用于赛社和春节期间的社火活动，含有清音锣鼓（以演奏套曲为主）和表演锣鼓（演奏中有舞蹈性表演），是绛州鼓乐的主要代表。赛社锣鼓，以花敲鼓和穿箱锣鼓著称。花敲鼓，又名"花腔鼓""花庆鼓"，全套乐器只有鼓、板两类，无铙、镲，也无其他铜质乐器，所以俗称"干鼓"，为新绛县独有。花敲鼓的乐器共有28件，其中24面扁鼓，代表24个节令，另有两副夹板、两副梆子，分别象征着四兽——牛、虎、狮子、麒麟，取黄牛之忠、老虎之猛、狮子之威、麒麟之祥，有事事如意、年年丰收之意。绛州鼓乐的曲名分三路，南路有《叽呱啦》《啦呱叽》《扎咚呱》等，中路有《钉缸》《麻雀踩蛋》等，北路有《牛斗虎》《凤凰单展翅》《狮子撩绣球》等。

据传，当年李世民率兵从龙门渡黄河，屯兵柏壁村秦王堡，新绛县至今遗留着李世民屯兵柏壁村时用的擂鼓台，当时，人们为了庆祝秦王在各场战役中取得的胜利，表现李世民率部战斗时的车轮声、马蹄声、人喊声、马叫声等场景，创作出了一部气壮山河的乐曲《秦王破阵乐》。秦王李世民也因军民为歌颂他而创作的这首乐曲感到自豪，继任皇帝后，将此曲引入宫中，凡遇大典盛宴，均要表演这首大曲，以炫耀自己在灭隋建唐中的功绩。

绛州鼓乐是一种非常独特的鼓乐，被称为"会说话的

● 绛州鼓乐

鼓乐"，它可以用"鼓语"来表达复杂的情感。如今，绛州鼓乐经过长时间的发展和历代艺人的提炼，逐渐形成了擂大鼓、花敲干打、演绎故事三大特点。其中，演绎故事是绛州鼓乐的灵魂，可以说，绛州鼓乐虽然不会说话，但它的每一首曲目都在讲述一个故事，为了更好地表述故事内容，继承了传统的演奏技术，并创新发展了各种打法，就"鼓"而言，有击鼓边、击鼓心、蹭鼓面、打鼓帮、抽鼓皮、磕鼓环、碰鼓架、磨鼓钉等。就"槌"而言，有单槌滚、双槌擂、槌相搓、槌相击、槌相挑等，从角度、速度、力度等多方面的变化，来表现情感。绛州鼓乐的表演形式除领奏、对奏、齐奏外，还有不同组合的交替变化和独奏的华彩部分等。同时，借助演奏者丰富的肢体语言，使绛州鼓乐有了自己的语言，或幽默夸张，或气势恢宏，或细腻写真，或对答如流。其曲调慷慨激昂、风格粗犷豪放，将需要表现的情感，淋漓尽致地展示给观众，给人以视听震撼。

从艺术特征分析，绛州鼓乐以鼓为主，鼓的形制各异，演奏手法丰富多彩、出人意料，整体演奏具有强烈的艺术冲击力。锣、铙、镲的加盟，在音色、节奏、力度和速度等方面的各种艺术处理，使单纯以打击乐器为表现手段的锣鼓乐，具有了气势恢宏、粗犷豪放的风格，刚劲铿

鼓舞中华

锵、雄浑浩荡的气势。轻、重交替的鼓点，清晰稳健，逐渐变快、变强。其中，既有对击鼓力度的精准控制，又做到了情绪的尽情释放，蕴含着力量、速度、气势和空间感，同时题材丰富、表情细腻，充溢着爆发力和阳刚之气，达到了艺术性与技巧性的完美统一。

司马懿得胜鼓

司马懿得胜鼓，是流传在河南省温县安乐寨村的民间鼓乐，它历史悠久、源远流长，古朴典雅、粗犷豪放，为三国时期政治家、军事家司马懿所创，距今已有1700余年的历史。司马懿得胜鼓的演奏乐器较多，表演队伍庞大，少则数十人，多则数百人，场面十分壮观。其艺术风格深邃凝重、气势磅礴。演奏时，鼓声隆隆，锣声铿锵，宏伟壮观、同威武雄壮，具有一种震天动地的感召力。

根据古代音乐中宫、商、角、徵、羽五声音调的关系原则，司马懿得胜鼓选用大鼓、大镲、鞭鼓、云锣、月锣等各具特色的打击乐器，创编了鼓曲共十二回，每一回均用五声响鼓起头、二十四声响鼓收尾。演奏司马懿得胜鼓所用乐器各具特色，各显神威。大鼓，是我国最早的乐器，也是其中的主奏乐器，声音洪亮，粗犷豪放。演奏时，一般为一人一鼓单独击打，也可一鼓双人交互对打。

🥁 司马懿得胜鼓

大镲，声音洪亮悠长，激越高亢。演奏时，演员昂首挺
胸，双臂将大镲高举过头顶，画双圆圈翻花击打。鞭鼓，
因用马鞭击打而得名，该鼓外形为圆柱体，内为圆锥体，
其构造新颖，响声清脆奇特，别具特色。敲击鞭鼓所用的
鼓鞭，是用竹子精制而成，长约50厘米，点缀以红、绿彩
线，鞭头皮质，长约五寸。演奏时，演员左臂向左平伸，
左手托鼓，右手持鼓鞭，高举过头顶侧身击打。云锣和月
锣，因形似月亮而得名，寓意为采天地日月之光辉，纳宇
宙万物之灵气。云锣和月锣原为二人各执一器进行演奏，
后来改为将云锣和月锣分别固定在同一个锣架上，由一人

鼓舞中华

同时打击两种响器进行演奏。云锣古色古香，响声浑厚；月锣小巧玲珑，声音清脆明亮。大锣，又名传锣，原在仪仗队的前面，拴于杠下，由双人肩抬击打，作"鸣锣开道"的用场，后来加入打击乐的队伍中演奏。马锣较云锣稍大，圆形，面平，为青铜质。最早在演奏中有将马锣垂直抛向空中五尺高，落下后用左手接锣继续敲打，或二人相互抛锣击打的特技表演，十分精彩壮观，可惜此技艺已失传。

从艺术特征分析，司马懿得胜鼓构思精巧新颖，题材结构完整，艺术表现力丰富。首先，司马懿得胜鼓，将

🥁 司马懿得胜鼓

阴阳五行哲理、天体运行的自然规律和军事学等传统文化有机而巧妙地融于鼓乐之中，具有深邃的文化内涵。在乐器选配上，它选用了五种各具特色的打击乐器配合演奏，该鼓乐每一回均用五声响鼓开头，俗称"老五锤"。"五"与"吾"谐音，寓意为以我为本，以我为主，将士们闻之，遂产生一种自尊、自信、自荣和自豪之感。同时，它代表着五声（宫、商、角、徵、羽）、五行（金、木、水、火、土）等。该鼓乐的乐器配置比例为，大鼓十二，大镲二十四，鞭鼓、云锣和月锣各二十四，大锣二，这些共为一套。在漫长的历史长河中，司马懿得胜鼓历经沧桑，经历了三国时期的诞生期，晋代的鼎盛期，隋至清的传承期，中华人民共和国成立以来的复兴期，走过了一条漫长而曲折的发展道路。在中国音乐发展史上，打击乐种类较多，然而，像司马懿得胜鼓这样流传历史如此悠久，乐谱体系如此完整，乐器种类如此之多，参演队伍如此庞大，文化内涵如此丰富，既属于古代军队鼓乐，又属于民间打击乐曲的鼓乐实属罕见，可谓打击乐中的活化石，具有较高的艺术欣赏价值、音乐美学价值和科研价值。

鼓舞中华

鼗（拨浪鼓）

拨浪鼓是最早的乐器，在西周时期已经出现，最早的拨浪鼓被称作"鼗"，在敦煌壁画中也可见到它的身影。关于拨浪鼓的名称，历代不同，各地也不尽相同，总体来

🔴 鼗（收藏于西安鼓楼）

说有鼗鼓、鼗、鼗牢、拨浪鼓、波浪鼓、播郎鼓、摇咕咚、小鼓等。其实，以上诸多名称中有些是因写法不同，发音近似，看来，还是"拨浪鼓"这个名称最得人心，从拨浪鼓式样的发展和演变来看，最初只是一面扁而圆的小

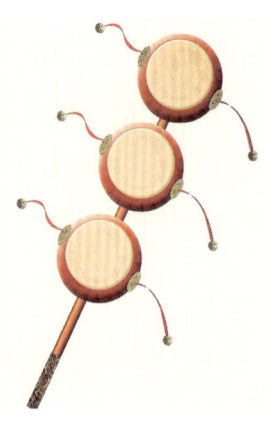

🔴 拨浪鼓

鼓，逐渐变化为两层鼓，甚至由四个渐大的小鼓逐个摞在一起的四层拨浪鼓，依靠摇动时双耳自击发声，发声的节奏轻重、

音律高低、声音大小都不容易控制，不能圆满、准确地完成复杂的鼓点。拨浪鼓最早为礼乐之用，后来逐渐拓展到商业之用，发展至宋代，拨浪鼓已经在三个领域出现，一是礼乐之用，二是商业之用，三是儿童玩具。历代礼乐中都有"鞉"，宋代当然也不例外，商业之用则是指"货郎鼓"，民间货郎一般是持拨浪鼓招徕顾客的。通常在鼓面上描绘有各色纹饰，也有在鼓身镶铜饰的货郎鼓，这些装饰及造型特点，又增强了拨浪鼓的观赏性和审美特色，从视觉效果上强化了这种鼓的娱乐特征，拨浪鼓也成为商业文化的代表性符号。拨浪鼓的鼓面材料多以牛皮、羊皮最为常见。其次，又有蛇皮、皮纸、油纸等材料蒙制，鼓身、鼓柄多为木质，近年又常见塑料材质的鼓身，鼓耳多以玻璃珠最为常见。另外，也有用木珠、酸枣核、瓷珠等材料制作双耳的，由于拨浪鼓用单手摇之即可发声，鼓声清脆，高低错落，叮咚悦耳，加之造型小巧，色彩鲜艳，声色俱佳，成为深受儿童喜爱的玩具并得以广泛流传。如同叫卖者的吆喝声要有腔有调一样，拨浪鼓可奏出富于变化的响声，能吸引注意力，造型特点又增强了观赏性，即使是货郎手上实用性的拨浪鼓也不可避免地具有娱乐色彩，在招徕顾客时总能营造欢快、轻松与热闹的气氛。

羯鼓

羯鼓，原流行于西域地区，南北朝时传入中原，大约于4世纪时开始流行，唐朝最为盛行，成为主要的演奏乐器。羯鼓演奏时，一般横放在木座上，用两根鼓槌敲击，速度可以很快，是当时龟兹乐队的特色乐器之一，在五代时期的王建墓发现的浮

🔴 击鼓俑

雕，就是击羯鼓的姿态。据传，唐玄宗擅于击奏羯鼓，练习时敲坏的羯鼓就有四大柜。由于羯鼓的音调高并富于穿透力，因此被唐玄宗李隆基视为八音之领袖。在宫廷宴乐中，唐玄宗经常亲自击羯鼓以和乐，许多贵族也都善此，击羯鼓竟成了一时风尚。唐代的羯鼓不仅在演奏技巧上达到了较高水准，并且产生了不少作品，如唐玄宗就创作有数十首羯鼓独奏曲，其中较著名的有《雨霖铃》等。李白在诗句中描写羯鼓的演奏时写道："漫漫雨花落，嘈

嘈天乐鸣。两廊振法鼓，四角吟风筝"。白居易在《霓裳羽衣舞歌》中道："繁音急节十二遍，跳珠撼玉何铿铮"。正是"羯鼓声急"以及音乐表现力强最为突出的描写。在敦煌壁画的伎乐图中，多次出现羯鼓的场面。南北朝时期，中原与西域有着频繁的音乐文化交流，像龟兹乐、疏勒乐、高昌乐、天竺乐这类外族外域乐种都陆续传入中原，其中，羯鼓便是在这些乐种中具有重要地位的打击乐器。

板鼓

因常与拍板由一人兼奏而得名，并有"单皮"（一面蒙皮）和"班鼓"（过去戏班专用）之称，是我国戏曲乐队中的指挥乐器。早在唐代就已用于"清乐"中，那时称为"节鼓"。板鼓构造独特，音色清脆。随着明、清戏曲艺术的发展，流传至今。广泛用于昆曲、京剧、评剧、越剧、汉剧、豫剧、河北梆子、山东梆子、陕西梆子、山东柳子、秦腔等地方戏曲伴奏和器乐合奏，也可以独奏，如苏南吹打中的快板鼓。板鼓在伴奏或合奏中，常常居于指挥和领奏地位，比如，在京剧表演中，凡人物出场、角色演唱、剧情变化，皆由板鼓和拍板一起控制节奏，并给锣鼓演奏增加花点，以烘托舞台气氛和人物形象。

板鼓，是形体矮小的单面鼓，鼓身用色木、桦木、槐木、桑木、榉木或柚木等硬质木料制作，由5块较厚木板拼合而成，鼓身直径25厘米，中间振动发音的鼓面有5—10厘米，鼓腔呈八字形，鼓边高9.5厘米。鼓皮用牛皮，张紧于整个板面直到底边为止。蒙皮的鼓腔部分又叫"鼓光"，是敲击发音部位。板鼓发音的高低，取决于鼓腔的大小和蒙皮的松紧，为保持鼓皮的张力，钉鼓皮的钉子较多，并在底部箍以铁圈。板鼓因适用的剧种不同，而在规格上分为大鼓腔、中鼓腔和小鼓腔。小腔板鼓的鼓腔直径仅有5厘米，鼓中间高11.5厘米，鼓下口直径23.5厘米，发音高亢脆亮，主要用于京剧和其他地方戏曲伴奏以及器乐合奏，适用范围较广。大腔板鼓的鼓腔直径10厘米，鼓中间高11厘米，鼓下口直径24.5厘米，发音宽亮淳厚，适于南方的十番鼓使用，可独奏出快鼓段。中腔板鼓的鼓腔直径8厘米，鼓中间高11.2厘米，鼓下口直径24厘米，发音介于大、小腔板鼓之间，多用于越剧，及陕北和山西的地方戏曲伴奏，并在器乐合奏中使用。演奏板鼓时，将鼓吊于木架上，用两根藤

🥁 板鼓

或竹制的鼓箭（击鼓棒）敲击，不仅鼓心、鼓边发音高低有别，而且因使用了点箭（用鼓箭点击鼓面）或满箭（用鼓箭平击鼓面），发出的声响也不同。

堂鼓（战鼓）

无论是在热闹的庙会，还是在逢年过节的庆典上，常会看到圆圆胖胖，有着红色鼓身，演奏起来气势惊人的中国大鼓，它的名字叫堂鼓，也叫作同鼓、战鼓、军鼓，清代则叫它"杖鼓"。这是我们在日常生活中最常见的一种鼓，经过漫长的演变过程，用途十分广泛。逢年过节，庆典礼仪，擂鼓助阵，气氛浓烈，在京剧的演奏中，多用于表现战争、升帐、升堂、刑场、起更等场面。社火、舞龙灯、舞狮表演中，也多擂堂鼓助兴，成为民间活动中不可缺少的一种乐器，也是民众最熟悉的打击乐器。堂鼓一般为扁圆形或桶形，鼓腹、鼓框木制，两面蒙牛皮，用木头做的鼓槌敲击。此鼓旧时往往置于厅堂之上或官府衙门，击以聚众，或申报紧急公务，民间也有"击鼓

● 堂鼓

鼓舞中华

花盆鼓

鸣冤""击鼓升堂"之说，所以，人们习惯称之为"堂鼓"。扁圆形的鼓，属于战鼓的一种，表演时，常常挂于胸前敲击，如威风锣鼓、开封盘鼓等，也有些置于鼓架之上，主要用于器乐合奏、舞蹈和戏曲伴奏，有丰富的表现力，也是锣鼓队中的主要乐器。还有些较小的扁形鼓与桶形鼓，属于高音鼓，发音坚实而有弹性，主要用于鼓乐或伴奏。

另一种堂鼓就是花盆鼓，因形似花盆而得名，又名南堂鼓，上面大，底部小，木制框，两面蒙以牛皮，演奏时架于木架上，以鼓槌捶击发声，声音较低沉、雄壮，戏剧中多用于表现战争场面，能加重气氛，在上沿加上鼓圈，又可改为水鼓。

堂鼓因大小不同，音色

水鼓

100

小堂鼓

也有差别，从鼓的中心到鼓边，可以发出不同的音高，音色也不同，鼓的中心发音较低而深厚，越向边缘则声音越高而坚实。通过敲击鼓边、鼓心，控制敲击的力度，可以获得强烈的音量和音色对比，也能演奏出复杂的鼓点，渲染出情绪及气氛，是现代民间器乐合奏及戏曲音乐中常用的一种打击乐器。小堂鼓发音高、亮，中型堂鼓音色宽厚，演奏时可利用这些变化来丰富它的表现力，堂鼓的演奏方法有单击、双击、顿击、闷击、压击、摇击、滚奏等，音量能从很弱到很强，力度变化很大。它的特殊音响能与乐队融合，可加强乐队的低音，还可以独奏或作为效果乐器使用，模仿雷声、炮声。体形大的鼓，统称大鼓，也叫战鼓，大鼓多用于报时、祭祀、仪仗或军事活动。常放置在城池的鼓楼之上，作报时之用的大鼓称"戒

大鼓（收藏于西安鼓楼）

晨鼓"，在西安鼓楼上陈列着一面现代制作的大鼓，鼓面直径达2.83米，鼓高1.8米，鼓腰直径3.43米，重1800公斤，真让人难以置信，如此大的鼓，需要一张多大的牛皮才能制成！此鼓已申报吉尼斯世界纪录，可谓当今之"中华鼓王"。

奏鼓乐、擂战鼓，表现出庆胜利、盼丰收的欣喜与愿望，在鼓乐演奏中，通过鼓手们豪迈、粗犷的舞姿和刚劲有力的击鼓技巧，充分展示出那种古朴中蕴含的力量与开阔的心胸，及蓬勃旺盛的生命力与气势，充溢着青春活力的想象与激情。如果说，鼓一直是作为乐器来使用的话，那么鼓乐的内涵是生命的激昂和宣泄，是羁绊不住的力量，是奏凯歌的胜利姿态，是原始力量的勃发、喷涌。以鼓声、镲声，塑造出粗犷、强悍、奔放、洒脱的艺术形象，配以灵动的肢体动作，给观众带来气势磅礴、酣畅淋漓的艺术享受。

第三章
风格各异的鼓舞

　　"鼓之舞之"这一词，人们早已熟知，它源于《周易》
"变而通之以尽利，鼓之舞之以尽神"的原句，一般人很少
去深入研究它的内涵，研究《周易》的学者将之释义为：
"加以变通来得到全部好处，鼓舞他来收到全部神妙的作
用"。释义中的"神妙"二字给人们带来诸多启发。若用
"神"字去解释舞蹈的特征，神，是舞者的精神、舞姿动态
的神韵，是舞者技艺的出神入化。而长期流传于中国大地
上的各类鼓舞，则是舞者生命律动的显现，是一个民族群
体跃动的形象，是我们探讨鼓文化特征的深化。

鼓舞，是人们在大自然面前的心灵舞蹈，在长期的流传过程中，形成了粗犷豪放、剽悍威武、刚劲激昂、气势磅礴、浑厚雄壮、铿锵有力、舞姿优美、潇洒大方、流畅飘逸、快收猛放、有张有弛、群而不乱、变化多端等特点。鼓舞，在汉族舞蹈中占有极重要的位置，分析其艺术形式、风格与地域文化的特色，有以中原地区为代表的北方鼓舞，多是集体表演，风格粗犷，气势恢宏，队形的变化多，如安塞腰鼓、兰州太平鼓等；有长江流域一带的南方鼓舞，灵活纤巧，表演多带有一定的情节，如安徽凤阳花鼓、江苏无锡渔篮花鼓、湖南地花鼓等。花鼓舞在北方一些地区也广为流传，但多重舞不重唱，讲究技艺精湛，如山西晋南花鼓、陕西宜川胸鼓等。在鼓的形制上，北方

🥁 宜川胸鼓舞

多用大鼓，南方多用小型的花鼓，表演时，鼓可持手中、可挎系腰间或系于胸前，乃至头顶、肩上、腋下、膝前等处，都可以系鼓。打法上，可一人一鼓，一人多鼓，最多者达七面，并表现各种人物形象。如山西晋南万荣花鼓，鼓手轻松地敲打身上的七面小鼓，做各种精彩表演。北京花钹大鼓由数名儿童持小钹对打起舞，十几名肩挎大鼓的青壮年挥棒击鼓为之伴奏。钹声、鼓声交织共鸣，舞姿优美，相得益彰。

流传于我国各地的鼓舞，五花八门，千姿百态，它们或阳刚，或优美，或威风凛凛，或灵动轻盈，给人强烈的视觉冲击和审美享受。并因造型与表演形式不同又有各种名称。如腰鼓舞（汉族），战鼓舞（汉族），木鼓舞（佤族等），铜鼓舞（壮族等），铁鼓舞（维吾尔族、藏族），陶质的蜂鼓舞（壮族、瑶族），竹筒舞（哈尼族等），象脚鼓舞（傣族等），单鼓舞、扇鼓舞、羊皮鼓舞（汉族、满族、蒙古族），手鼓舞（维吾尔族），长鼓舞（瑶族），猴鼓舞（苗族、瑶族），太阳鼓舞（基诺族）等。这些在各民族中流传的鼓舞，多是唐宋以来盛行一时的舞蹈形式，有些已有上千年的历史，有些已经失传。值得注意的是，失传的唐代"杖鼓"，在朝鲜族民间仍有单人或集体演奏。失传的宋代"花腔腰鼓"在壮、瑶、毛南

象脚鼓舞

等民族中仍有流传。我们从画像石上还可以寻觅到盘鼓舞
的踪迹，汉代流行以盘和鼓为舞具的盘鼓舞，舞者在七个
盘、鼓上以不同的节奏踏鼓而舞，故又名"七盘舞"。
1986年，北京舞蹈学院中国古典舞系的师生们，从汉画像
石中受到启发，经潜心研究、发掘整理，将盘鼓舞搬上舞
台，让这早已淡出人们视野的古老艺术形式重新展现在了
世人面前，可谓精彩纷呈，美不胜收。盘鼓舞是将盘、鼓
置于地上作为舞具，舞者在盘、鼓之上或挥舞长袖，或踩
鼓下腰，或按鼓倒立，或身俯鼓面，手、膝、足皆触击鼓

面，或单腿立鼓上，或从鼓上纵身跳下，舞姿优美矫健。舞者在快节奏的音乐节拍中，时而仰面折腰双脚踏鼓，时而轻盈地腾空跃起，然后又跪倒在地，以足趾巧妙踏上盘鼓，身体作跌倒姿态摩击鼓面。盘鼓舞也很注重衣袖以及腰肢的动作，张衡的《舞赋》中有"裾似飞燕，袖如回雪"的描写，颇为形象地描写了盘鼓舞的优美动作，反映了舞者轻盈敏捷、衣裙飘逸的姿态。这种舞蹈，不仅需用脚来踏鼓使其发声，而且讲究踝、膝关节的灵活。敏捷的踏鼓动作，飞行似的轻盈舞步，灵动的姿态和位置调度，表现了深邃的意境，是汉代具有较高技艺的舞蹈，也是鼓舞家族中不可多得的艺术珍品。

🥁 盘鼓舞（汉画像石）

鼓舞中华

踏鼓舞

　　腰鼓的形制和表演方式灵活多样，既可以挂于腰间作为鼓舞的道具，也可以是乐队的伴奏乐器，隋唐燕乐中常提到的腰鼓类乐器有毛员鼓、都昙鼓、杖鼓、正鼓、和鼓等。腰鼓的鼓框有木质的，也有瓷土烧制的，所谓"大者以瓦，小者以木，类皆广首纤腹"。腰鼓也有以鼓框两头蒙皮，用皮条对穿拉紧，叩击出声，其声具有穿透力。腰鼓有不同的表现方式，在敦煌壁画中可以看到乐伎席地而坐，双手拍击鼓面为乐舞伴奏，也可以将腰鼓挂于胸前，在宴饮乐舞中边击边舞，以它的轻重缓急，调动着舞者和观赏者心中的律动感。

　　单鼓的历史久远，在全国各地传播甚广，可理解为单面鼓或以单手持鼓敲击。单鼓在各地的称谓各不相同，由于其多用羊皮蒙制，故也称"羊皮鼓"，这是一种比较笼统的叫法，其实，单鼓也有采用驴皮等其他动物皮蒙制的，但很少称其为"驴皮鼓"或"狗皮鼓"，统称为单鼓更为确切。因为有些单鼓带有握鼓的手柄，也有称其为"柄鼓""手鼓"的。在我国河北省及东北一带，又叫"太平鼓""太平神"，还因为表演时间大多在春耕之前，人们为了祈祷来年丰收，民众手持单鼓边敲边唱，故也称"迎春鼓"，后来，神汉、巫婆又将单鼓用于驱邪祈福、婚丧嫁娶等民俗活动，因而，在我国有些地方又称"喜乐"。单鼓散见于全国各地的村镇，完整、系统、有规模的表演套路较少，多出现在民间的祭祀活动中，是民间跳神仪式上神汉、巫婆用的主要法器。

单鼓起源于商代的巫舞。巫舞，在古代是娱神的舞蹈，后来巫舞逐渐由娱神的舞蹈，演变成为娱人的舞蹈。因单鼓"形如团扇，柄下缀以铁环……以藤杖击之，鼓声冬冬然，环声铮铮然"，并可手持击鼓，操作方便灵活，制作工艺简单，因而

● 单鼓

● 单鼓舞

在我国民间广泛流传。当单鼓传到清代时，已基本上成为民间喜闻乐见的娱乐活动，萨满神鼓、巴郎鼓等，均属单鼓系列，大都带有浓厚的宗教色彩。单鼓在民间的传播中多用于祭祀、避邪、祈福、还愿等宗教活动，是主要的法器，在长期的流传过程中，已派生出各具特色的打法和套路，但以祭祀、驱邪为主的文化元素，始终保留着。在甘肃秦安境内盛行的扇鼓，在表演程序中，既延续着巫舞的神秘色彩，又有其自身丰富的地域文化内涵和独特的个性风格。

单鼓在长期的发展与流传中，已从祭神或驱鬼逐渐扩大了世俗娱乐的成分，随着时代的发展和需要，昔日主要用于祭祀的民间民俗活动，冲破长久封闭的囹圄，剔除封建迷信的糟粕，大大方方走出大山，走向了社会，被赋予了新的内涵，成为人们的

● 单鼓

思想观念改变后，展现新农民心声的动态形象，显示出今日中国农民豪迈的气概。现在，每逢重大节日或喜庆丰收，各种形式的单鼓表演，也频频露脸，经常参加各种比赛和演出，它犹如一盘翠绿的山野菜，为各类艺术盛宴增添了别样的口味，让品尝者回味无穷。

● 单鼓

农业社会初期，鼓的数量不多，随着社会的发展，畜牧业兴起，有了充足的皮革供应，使鼓舞相应进入发展的新阶段。各种鼓舞，是以鼓为道具或作为主要乐器的，在锣、镲等打击乐配合下进

行，产生具有浓郁的地域、民族特色的鼓舞，它反映出北方农民的豪迈、江南田园生活的情趣或带有原始文化遗存的古朴民风。若从功能上看，各种鼓舞无非用于祈年、祭祀、耕作、战争以及悦神、娱人的活动，正是"六鼓四金"中"以节声乐，以和军旅，以正田役"古风的延伸与发展。鼓舞，开农耕舞蹈文化之先河，保存着古老纯朴的民风，伴随中华民族走过漫长的艰辛之路，如今又激发人们迎接辉煌的明天。在绵延数千年的历史长河中，鼓舞与其他艺术形式不断融合，在不同的民族、不同的地区，展现不同的形式美感。本章就国内具有代表性的鼓舞的发展概况、艺术特色，做以下简要分析。

兰州太平鼓舞

发展概况

太平盛世，应有太平的声响，是祝福、是庆贺，也是期盼。在中华民族的历史长河中，因灾难，人们就要降魔驱邪；因战争，人们要祈求和平；因盛世，人们就要欢腾高歌。震天动地的太平鼓舞，就成为人们宣泄情感的一种舞蹈。

兰州太平鼓主要流传于兰州市和所辖皋兰、永登、榆中等县（区），近年来，在周边的定西等地区，都组建了

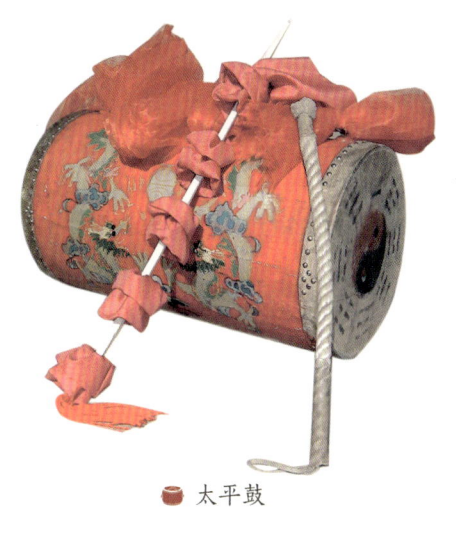

太平鼓

太平鼓队，甚至有很多外省的艺术工作者也慕名而来，学习太平鼓的打法，这足以证明太平鼓的深厚群众基础和艺术魅力。

兰州太平鼓在全国流传的各类鼓舞中独具特色，首先，它的外形与其他鼓不同，鼓身长80—85厘米，直径37厘米，以圆柱体为基本造型，体积硕大，不用鼓槌，而是用麻拧成鼓条（或称"鼓鞭"）擂其鼓面。擂鼓时，鼓发音低沉浑

太平鼓舞

厚，人舞鼓、鼓带人、人鼓合一。太平鼓在表演中，非常讲究阵法的布局，鼓队由一面金龙大旗做中军，数面小旗为先导，锣、镲等铜器击节响应，数十名至百名鼓手列队相随，鼓队在金龙大旗的指挥下变换阵法。根据传统阵法中的"一字长蛇阵""四门兜底""六合阵""八卦阵"等名称，在民间总结出了"二龙戏珠破四门七招九式；三阳开泰迎五福六合八卦"的阵法口诀，每个阵法都有固定和明确的阵势。

艺术特征

太平鼓的表演特点，主要是低鼓、中鼓、高鼓的穿插应用。

低鼓：又名"红拳架子鼓"，背带较长，鼓置于脚面，行进时左脚背顶鼓而行，表演时鼓基本上贴于地面，鼓在左、右、前、后击打时，右腿跨鼓，左小腿和脚内侧将鼓夹起来进行旋转，也可以两腿交替做此动作，其动作特点是用脚踢鼓而起舞，尤如猛虎下山。

中鼓：又名"燕子衔泥"，将鼓置于鼓手膝关节下方，这时鼓完全失去支撑点，鼓手打起来难度最大，鼓手要在一系列的动作中完成击鼓，还有双手持鼓鞭，在头顶缠绕鼓花的动作和亮相等技法，这对鼓手身体的律动、双手的舞动、相互对鼓的击打配合，要求是极为严谨的，它的动作特点是双腿骑鼓，双臂齐展，犹如燕子起飞之势。

高鼓：是兰州太平鼓最具观赏性的动作，鼓手先将鼓身置于胯部，表演时，鼓手左手持鼓，举于头上方，利用鼓自重和运动时的惯性，甩带、抢挥，用右手击鼓。犹如飞鸟在空中盘旋，形成人鼓翻飞的壮观场面。常用的打法有"鹞子翻身""二踢脚加劈叉""扫堂腿""燕式跳""猛虎下山"等。高鼓以昂扬的气势、宏大的场面、高超的技巧成为"黄河激浪""麦浪滚滚""铁壁合围""三阳开泰""万马奔腾"等阵法的主要素材。表演套路中的"鹞子翻身""乘马扬鞭""弯弓射雁"等多半

🥁 太平鼓舞

是在鼓下落过程中击打，挥鞭一击，舞姿非凡，当数十名鼓手同时击鼓而舞，其声势威震四方，他们一边擂鼓，一边舞蹈，忽上忽下，忽左忽右，通过飞、腾、奔、跃、跳、转、舞、挪、闪、展、翻、骑、举、蹉、蹲、打、敲、拍、磨、刮，以及斗槌、转槌、翻槌、扬槌等一系列丰富的打法，充分体现着鼓手与鼓的相互交融、纵横离合。队形、队列不断变幻，那强大的阵营，淋漓尽致地表现出了两军对峙作战时的场面。那舞姿气势粗犷，又显示出高原人憨直、奔放的性格和勇猛的阳刚之气，令观赏者无不为之振奋，那震耳欲聋的鼓声，能引起你极大的兴趣。太平鼓在具体的打法和阵法上已经形成了程式化、规范化的套路，整体表演龙腾虎跃、风起雷鸣、气势雄浑、豪放威风、热烈欢快、振奋人心，是人们在表演中群体精神的升华，塑造出粗犷强悍、奔放洒脱的艺术形象，显示出拼搏的精神状态，给观众带来气势磅礴、酣畅淋漓的艺术享受，感受那种质朴中蕴含的力量与开阔的心胸、雄健的气度。表演太平鼓时，还有多面大锣配合，这锣鼓声，烘托着年节欢快的气氛，增强了人们迎来太平年景的信心，充分显示了西北人民豪爽坦荡的性格，我们能够听出民众借太平鼓敲出的心声：这就是一曲太平盛世的颂歌。

安塞腰鼓舞

发展概况

安塞腰鼓是在陕北各地广泛流传的一种民间鼓舞形式，尤以延安的安塞和榆林的横山、米脂等地最为盛行。在陕西境内，流传着很多种鼓舞、鼓乐，如志丹扇鼓、宜川胸鼓、洛川蹩鼓等，但最具影响力的，当数安塞腰鼓。据说，远在秦汉时期，腰鼓就被驻守边防的将士视同刀枪、弓箭，是不可缺少的装备。遇到敌人突袭，就击鼓报警，传递信息；两军对阵交锋，以击鼓助威；征战取得胜

🥁 安塞腰鼓舞

鼓舞中华

利，士卒又击鼓庆贺。今天的安塞区，就是当年北宋与西夏的边界，为安定边塞，故取名"安塞"，"安塞腰鼓"也因此得名，历千年而不衰，并且成为具有深厚群众基础的民间艺术。

安塞腰鼓的广泛普及和发展，应该是在1942年以后，当时，陕甘宁边区兴起了新秧歌运动，由北平和全国各地来的大学生、文艺工作者，对流传于陕西境内的腰鼓表演进行整理编排。最初，流传于民间的腰鼓，鼓体颜色是木头本色的，从这时开始涂成了红色，这大红色的鼓身与大红色的彩绸相衬，象征红色的革命政权，象征火热的中国革命，并被誉为"胜利腰鼓"或"红色腰鼓"而广泛传播，遍及中华大地，使腰鼓这一古老的民间艺术得到了大发展，从而载入了中国革命文艺运动的光辉史册，成为全国亿万军民欢庆胜利、庆祝解放的一种象征。当年，欢庆腰鼓，敲红了解放区的天，在很多影视作品中我们可以看到，新中国成立前后，全国各地的人民，就是敲着欢快的腰鼓，欢迎解放军进城，庆贺新生的中华人民共和国。此后，腰鼓就在全国各地广泛流传开了，由于腰鼓简便易学，不受年龄、性别及场地的限制，深受广大鼓舞爱好者和观众的喜爱，规模不等的腰鼓队频频出现在一些集会和喜庆场合。目前，各地流传的腰鼓，多以行进间表演为

🥁 安塞腰鼓舞

主，有文鼓的特点，显得轻松愉快、潇洒活泼，动作简单、幅度小。近年来，在传统打法的基础上，又借鉴了武鼓的一些打法，表现形式越来越丰富，随着安塞腰鼓的广泛传播，已成为陕西乃至全国民间舞蹈中影响较大的舞种。

艺术特征

安塞腰鼓，依据不同的风格、韵律，有文、武之分，文鼓以扭为主，以打为辅，重在抒情，轻松愉快、潇洒活泼，动作幅度小，类似秧歌的风格；武鼓则欢快激烈、粗犷奔放，以打、踢、跨、跺等为主，动作难度大、要求高，运动量大，具有统一性和规范性。安塞腰鼓的艺术性，主要体现在武鼓中，队形要求整齐一致，快收猛放、变化神速，动作要求刚健有力、自然大方、欢快流畅、刚柔相济，充分体现安塞腰鼓的内在气质和外在的美感，通过动作和表情，将内心喜悦之情表现出来。后来，文、武腰鼓在传播的过程中，相互融合，表演内容更加丰富，更具观赏性。安塞腰鼓的表演形式，一般分为"路鼓"和"场地鼓"。路鼓，是腰鼓队在行进中，边走边舞的一种表演形式，一般动作简单、幅度较小，多做"十字步""走路步""马步缠腰"等动作。常用的队形有"单过街""双过街""单龙摆尾""双龙摆尾"等。场地鼓，是指腰鼓队到达表演地点，打开场子后，由"伞头"带领，完成一系列秧歌唱词等内容的表演后，鼓手们进行表演的形式，此时，舞者尽情表现各自的技艺绝招，走出复杂多变的队形，情绪热烈，跌宕起伏，使表演达到高潮。

安塞腰鼓的动作特点是，通过律动的变化，表达鼓手的内心，鼓手击鼓时情不自禁地微微摇头、晃肩，使内在感情与外在的律动有机结合，达到形神兼备、和谐自如。鼓手挥槌击鼓有股子狠劲，无论是上打、下打还是缠腰打，双手都要将鼓槌甩开，显得挺拔浑厚，猛劲中不失细腻之感；做踢腿、跳跃动作时，无论是大踢、小踢还是蹬腿动作，都要有股子蛮劲，节奏欢快，难度较大，代表了安塞腰鼓粗犷豪爽、刚劲泼辣的风格，击鼓转身是安塞腰鼓表演的关键，在表演中凡做蹲、踢动作，必有转身，转身必须要猛，特别是做腾空跳跃落地蹲，边转身、边起步的一套动作组合时，必须要在固定的节拍里完成，运用迅速的猛劲才能完成动作的变化与连接，律动形态复杂，跳跃幅度较大，随着表演节奏的加快，脚部便开始复杂地踢踏、跳跃，并加大身体左右摆动的幅度。如做"马步蹬腿""连身转""马步跳跃"等动作时，鼓手弓步向后连跳两次，然后左腿大步前跨，右腿发力蹬地而起，势若龙腾虎跃，显示出一种顽强拼搏的精神状态。

观看安塞腰鼓表演，让人感觉到人鼓合一，既显示群体精神，又突出了个性之美。冲闯、腾越，气势如虹。冲闯，是舞者的气势和表演上的不拘一格，体现在动作的勇猛自如和节奏的快速多变上，同样的踢腿击鼓，可踢得更高，打得更响，冲劲十足，跌宕起伏；腾越，是鼓手在表演中群体精神的升华，并伴有幅度较大的踢打、跳跃和旋转动作，尤其是鼓手的腾空飞跃技巧，给人以英武、激越的感觉。安塞腰鼓的内涵是生命的激昂和宣泄，是原始力量的勃发、喷涌，鼓手常常在高高跃起时，展开双臂，蓦地又收回击鼓，整场表演像龙腾虎跃，风起雷鸣，振奋人心，显示出新一代农民摆脱千百年来土地的束缚，要做大

鼓舞中华

地的主人，开发和利用整个黄土高原的气概，这就是民间舞蹈对"鼓之舞之以尽神"中"神"字的完美诠释。

安塞腰鼓，既是古代激励边关将士冲锋杀敌、浴血奋战的号角，也是将士们征战凯旋的欢迎曲，它气势磅礴，是生命的舞蹈与狂欢……古代战争擂鼓鸣金的场面，永远地消失了，然而，这种充满激情和力量的仪式，却深深地根植于陕北这块古老的土地上，生动地反映了当地群众憨厚、淳朴的气质和性格特征，于浪漫中宣泄生命的激情，于诗意中追求永恒的精神力量。

武威攻鼓子

发展概况

"攻鼓子"是流传于甘肃省武威市凉州区四坝镇，以及周边地区的民间鼓舞，已有2000多年的历史，是古代生活在河西地区的月氏或乌孙等民族的一种鼓乐舞。从其表演风格看，应该是古代军旅出征乐舞的遗存，后来流入民间并代代相传。

武威古称凉州，地处河西走廊东端，是古丝绸之路上的重镇，中西交通的咽喉，民族融合的熔炉。悠久的历史孕育了灿烂绚丽的五凉文化、佛教文化和民族民间地域文化。公元前121年，汉武帝派骠骑大将军霍去病远

🥁 武威攻鼓子

征河西，击败匈奴，为表彰其武功军威而将此地命名"武威"。攻鼓子，含有攻击、进攻之意，子，可理解为小，也是当地人讲话时的习惯用语。我们常见的"鼓子"，是指在说唱形式中的"鼓子词"或曲子，而攻鼓子，是一种广场舞蹈表现形式。

攻鼓子的表演用鼓，从外形看与我们常见的腰鼓不同，其鼓腹不向外鼓起，而是呈直筒形，鼓身涂红色，上系红色背带，鼓高30厘米，鼓面用牛皮蒙制，直径20厘米，上绘有太极图。鼓槌用当地产的红柳木制作，有重量，韧性很好，击出的鼓声有力度、有弹性和跳跃感。鼓

鼓舞中华

槌也可用枣木制作，在鼓槌根部，分别缀有红、黄两色彩绸。攻鼓子的表演，需要特定的装扮，鼓手上身着黑色太保衣，下穿黑色灯笼裤，用裹头的黑布制成黑幞帽，左右两侧各插一根彩色野雉翎，美其名曰"招子"，取"上净天宇，下扫风尘"之意。幞帽正上方装饰有一朵大红色牡丹花，帽下沿中间与两边缀以红色（以前常用白色）扇形纸花，表演时纸花可随身体的摆动自动开合，在头部平添了几分动感。脚穿凌云快靴，鞋面缀有大红色的绒球，意在似健步如飞，完全一副"夜行侠"的装束。正式表演时，脸上用色泽鲜艳的油彩画上怪异夸张的脸谱，眉毛画得又粗又黑且上翘。黑色的上衣还配着白领、白扣、白护腕，谓之"三白"，与黑衣在色彩上形成一定的反差，乍一看，俨然古代的武士站在你的面前。从化妆到装束，都给人以威武雄壮、粗犷豪放的美感，具有强烈的西部特色。在当地，凡遇庙会祭祀、节日庆典，以及每年正月闹社火，都有攻鼓子的热闹场面，

🔴 攻鼓子

🔴 武威攻鼓子

乡民们会自发地组织起来，走乡串户进行表演，有时还要举行"鼓子"表演，叫作"会鼓子"。会鼓子表演场面十分壮观，每一队"鼓子"都有一个领队指挥，上百队"鼓子"会聚在一起，由数十面大鼓配合掌握节奏，外加锣来烘托气氛。几百人同时敲一个鼓点，同走一种步伐，游走变化，配合默契，进退开合，协调统一。可谓"此鼓只应凉州有，陇上难得几回闻"。攻鼓子反映出了西北人粗犷豪放的个性品质和积极向上的人生态度，给人以极大的鼓舞与鞭策，令人奋发，催人奋进。

艺术特征

传统的攻鼓子表演，一般由二十人组成，不用任何

鼓舞中华

锣、镲伴奏。由一人在前担任总指挥，当要变换鼓点、变换队形时鼓手都看他的动作。在表演风格上要达到"气势如山形如燕"。攻鼓子的基本打法可以用四句口诀来概括，即"双手胸前画弧线，交错击鼓轮换翻，上步踏地凭脚力，挺胸抬头身不弯"。其中最有特点的动作就是双手在胸前交叉击鼓，只见一条弧线有力地在空中划出，又强有力地击在鼓面上，鼓手击鼓时情不自禁地微微摇头晃肩，身体不时前仰后合，举手投足，潇洒自如，通过律动的变化表达舞者的内心情感。表演中"弓箭步"运用较多，很注重身体"扎势"（即动作造型）。表演中双人配合的动作也较多，有背向、侧向的配合，有高低、前后的配合，每一动，配合默契，姿态十分优美，在短暂的停顿间，就像一尊尊青铜雕像，产生一种静态的美感。鼓手在表演过程中，要手到、眼到、神到，在撩、转、跃进间，充分表现出刚健有力、干净利落、仪态潇洒、稳健大方的动作特点，使内在感情与外在律动有机地结合起来，达到形神兼备、和谐自如，形成了古朴、苍劲、浑厚的个性风格。其中"雄鹰展翅"是攻鼓子的个性化动作，具有西部少数民族舞蹈的特点，双手击鼓后从体侧向上举起，紧接着又高高跃起，似雄鹰展翅高飞，又如春燕从空中掠过，产生瞬间的动态美。还有"战马凌飞""鹞子翻身""凤凰三点头""登高远望"等雄健优美的动作令人目不暇接,叹为观止。单槌鼓、四槌鼓、马蹄鼓,鼓点轻重缓急富于变化,产生一种神秘感。攻鼓子的表演不同于常见的腰鼓和太平鼓的打法,但又融合了腰鼓的灵秀和太平鼓的浑厚,更显洒脱和豪迈。

在长期的表演过程中,攻鼓子舞不断演绎出"长蛇阵""猛虎出山阵""双将对斗阵""四龙阵""连环阵""套莲花""三箭突围阵"等各种阵法。每当你观看演出时,鼓手们精湛的表演,会将你带入一个神秘的意境,一队古代的武士,身着黑衣、黑裤,穿黑靴,戴黑幞帽,身背牛皮长鼓,手执红柳木鼓槌,在隆隆鼓声中他们提足起舞,鼓点由轻而重,由缓而急,双腿前弓后蹬,鼓槌上下翻飞,忽如雄鹰展翅,忽又如孔雀开屏,时而发出震撼旷野的吼声,犹如嘶鸣的战马,如雷的呐喊,惊心动魄。跃起时形如虎跃,而后又如巨龙一般冲将过来,形成排山倒海、雷霆万钧之势,似有千军万马冲杀过来,所向无敌。鼓队的阵形更是变幻无穷,忽如雁阵展开,忽如长蛇疾冲,忽而列成方阵,忽而旋走太极,虚虚实实,深藏玄机,进退变化有序,勇往直前。再看鼓手那沉着稳健的步伐,那冷峻刚毅的神情,力贯千钧、变化多端的鼓点,震人心魄的气势,使人仿佛置身于铁马金戈的古战

鼓舞中华

场，才闻刀枪撞击、铁骑奔突，又见浴血奋战、出生入死，攻鼓子的表演状态威武雄壮，与"武威"的地名也十分贴切。如今，河西走廊上朴实的人们，以高昂的精神状态，建设着广阔美丽的家园，用自己的风格与方式幸福地生活着。

朝鲜族长鼓舞

发展概况

长鼓，只是对造型较长的鼓的统称，在鼓的流传过程中，长鼓的种类较多，比如象脚鼓、黄泥鼓等，皆可称之为长鼓。在朝鲜族人民中流传的长鼓，最早又称为都昙鼓、毛员鼓和腰鼓，但称作"杖鼓"更为确切，宋代《乐书》："杖鼓、腰鼓，汉魏用之。大者以瓦，小者以木类，皆广首纤腹"。沈括《梦溪笔谈》载："唐之杖鼓，本谓之'两杖鼓'，两头皆用杖。今之杖鼓，一头以手拊之"。到了元代，对杖鼓记载尤详，"杖鼓，制以木为匡，细腰，以皮冒之，上施五彩绣带，右击以杖，左拍以手"这段描述，接近于目前朝鲜族长鼓的特征。长鼓是古代细腰鼓的变体，隋唐时期，在中原地区已用于宫廷，及天竺、龟兹、西凉、疏勒、高昌和高丽等音乐的演奏中。

朝鲜族长鼓舞，具有鲜明的朝鲜族文化特色，在朝鲜族的舞蹈史上，占有十分重要的地位，它的传承丰富了我国民间舞蹈的艺术形式。新中国成立后，经过朝鲜族舞蹈家的精心改编，在长鼓舞中注入了新的时代气息，使这一优秀的民间艺术更趋完善。朝鲜族长鼓舞集演

长鼓舞

奏、演唱、舞蹈于一体，是综合性的民间艺术，不仅可以做伴奏的乐器，还可以独奏、器乐合奏或为独唱、舞蹈伴奏。作为舞蹈道具，可集体表演，亦可单独表演。实现了人、鼓、乐的高度协调，具有很高的艺术欣赏价值。

艺术特征

在表演长鼓舞时，可置鼓于架上，以坐势、立势，或演奏者将鼓挂于腹前，左手拇指扶住鼓圈，其余四指可单指敲击或一起拍击鼓面，以右手执鼓槌敲击鼓面。经过人们不断地发掘、整理，演奏技艺极为丰富。左手的演奏方法有单鼓点、单花点、双花点、闷鼓点等；右手的演奏方

🥁 长鼓舞

法有单鼓点、单花点、双花点、滚奏、震奏等，敲击的节奏变化有四十多种。

　　长鼓有两种演奏形式，一种是将较小的长鼓横挂在胸前边舞边奏，它既是舞蹈的伴奏乐器，又是舞蹈道具；另一种是将稍大的长鼓置于木架上，摆在演奏者面前，专门作为乐器演奏，为声乐伴奏或参加器乐合奏，常用来表现轻快、欢乐的情绪。在熟练的演奏者的敲击下，长鼓两种不同的声响相互交错，两种不同的音色忽隐忽现、时轻时重、抑扬顿挫，音色分外清丽鲜明，以独特而丰富的音乐语言表达复杂而细腻的思想感情，具有鲜明的朝鲜族风格和浓厚的地方色彩。长鼓舞经朝鲜族舞蹈家们的精心改编，增添了新的时代气息和民族特色，使这一艺术形式日趋完善。不仅击鼓技艺独特，花样翻新，亦在于表达喜悦、欢快的情绪，以优美的舞姿和娴熟的技艺，给人以美好的艺术享受。

萨满鼓舞

发展概况

萨满鼓，主要流行于我国内蒙古、黑龙江、吉林、辽宁、河北等省区。萨满，是通古斯语的音译，即"巫"的意思。早在1000多年前，我国北方民族的先民，曾在蒙古

🥁 萨满鼓

高原和大兴安岭等处的岩壁上，刻画了萨满教的巫师手执萨满鼓舞蹈的形象。历史上，萨满教曾广泛流传于我国北方地区，尤其是辽东一带的乡民，大多是旗人，都信奉萨满教。后来，随着道教、佛教、伊斯兰教的传入和兴起，萨满教逐渐衰落，但在东北的鄂伦春族、鄂温克族、蒙古族、满族、赫哲族和达斡尔族等民族，到20世纪50年代初，尚保存对该教的信仰。

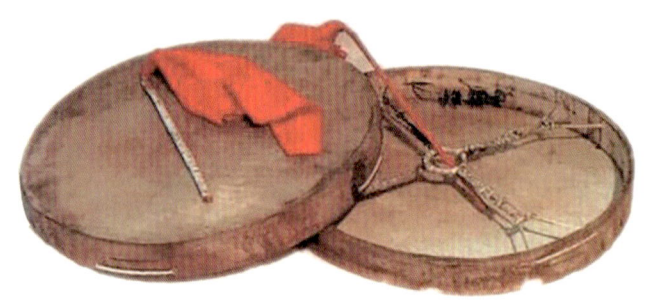

🔴 萨满鼓

　　萨满鼓，是萨满跳神时所使用的主要法器，是扁平的单面鼓，又称神鼓、抓鼓、手鼓、单环鼓、皮鼓等，鄂伦春族称之为"文图文"，属于槌击膜鸣乐器。执鼓方式为典型的抓执型，有大小两种规格。大者常在室外或广场演奏，小者则在室内或宫廷演奏，普通萨满鼓为圆形，用狍子皮或其他动物的皮蒙制鼓面，直径一般为50厘米，无把，鼓背面装有铜环，用皮条连接便于手持。鼓槌是用狍子皮裹着狍子筋制成，长约30厘米。鼓背面的中部设一个直径6厘米的铁环，用皮绳将之与鼓框拴系为一体，皮绳间的铁丝上，串有10余枚铜铃或铜钱。演奏时，左手握鼓背面中心的皮绳或铁环，右手执鼓槌敲击，可分别敲击鼓心、鼓边、鼓框，也可以左手推拉铁环撞击鼓背，或双手配合交错敲击，以获得不同的音效，发音柔和响亮，无固定音高。

在萨满的认识里，鼓并不是音乐词典里的乐器，而是与神沟通的语言工具和渠道，没有鼓，就不可能与神搭言，没有鼓，便不能降神，更不能获得神启，也就完成不了人神之间的沟通。驱病祈祷必请神，萨满跳神在民间也称"烧香""耍单鼓"，多在秋后农闲时节，表演形式十分复杂，经过漫长而微妙的千百年间的演化过程，广泛吸收了二人转、大鼓书、皮影戏、民歌小调等姊妹艺术的营养，已由最初单纯求神祈祖的一种祭典，变成了现今自娱自乐的艺术。

艺术特征

在表演萨满鼓舞时，演奏者手执萨满鼓，身穿缀有铜镜或腰铃的服饰，边击、边唱、边舞，鼓点多变，曲调丰富，舞姿优美。较大的表演场面，还加用哈马刀、堂鼓、

三弦和琵琶等乐器伴奏。由于宗教活动需要，音乐是否悦耳，似乎不是萨满的追求。宏大而嘈杂的鼓声、铃声几乎占据了萨满音乐的全部。萨满认为萨满鼓是人神沟通的媒介，是他们上天入地的工具。萨满认为，神鼓一敲起来，所有的神灵不管远在何处，立刻会像士兵一样来到他们面前听令。如果跳神时不敲鼓，神哪里也不能到，鼓给予萨满力量去与恶鬼战斗，并在战斗中可以起到盾牌的作用，因而，萨满鼓舞的旋律形态并不发达。今日的萨满鼓走下了神坛，用于民间的歌舞、演唱伴奏，满族和鄂伦春族还将萨满鼓用于器乐合奏。近年来，当地的艺术工作者，在萨满鼓舞的基础上，经过挖掘、整理，创编出适合舞台演出的单鼓舞，如辽宁单鼓等。笔者在考察中发现，目前在全国流传的单鼓，均受萨满鼓舞的影响极深，萨满鼓与这些鼓的关系应该是源和流的关系，萨满鼓舞是"源"，其他类型的单鼓皆为"流"。

志丹扇鼓舞

发展概况

志丹扇鼓是流传于陕西省延安市志丹县境内的一种民间鼓舞，鼓面为扇形，用羊皮蒙在一个带柄的铁圈上制作而成，故又称"羊皮扇鼓"。鼓下的手柄上，有三

个铁圈，呈三角形，每个圈上又套三个公母小环，暗含
"三三九连环"之意。志丹扇鼓造型别致，表演新颖，具
有浓郁的地方特色和深厚的历史内涵。当地老百姓视扇鼓
为通神之物，用它来驱逐邪恶与魔鬼，祈求风调雨顺、人
畜兴旺、岁岁平安，扇鼓舞便逐渐成为地方民间祭祀舞
蹈。志丹扇鼓源于陕北"巫""傩"扇鼓，又叫神鼓，是
穷乡僻壤的巫师神医驱邪治病的法器，在驱灾、消难的仪
式中，不可避免地会有一些歌舞行为，这就是扇鼓舞的原
始形态。

扇鼓的表演，多系独舞，偶尔也有群舞，表演时，舞
者左手执鼓，右手执一根藤条，边舞边击鼓面，其鼓上下

🥁 志丹扇鼓舞

鼓舞中华

晃动，鼓声与铁环撞击声浑然一体，清脆嘹亮。舞蹈动作粗犷剽悍，或奔或跳，若癫若狂，口中念念有词，或说或唱，愈跳愈狂，愈打愈烈，真可谓人助鼓力，鼓显人威，直至驱逐了邪祟，便双手擎鼓对天，以示胜利。

制作扇鼓的工艺十分考究，皮要选用春天的羊皮，这时的羊皮薄，韧性强，声音清脆响亮。将锻造成6.7厘米宽的铁条弯曲成扇面形，制成鼓框，蒙上羊皮，鼓框下留手柄，手柄下有三个圆铁环，每个铁环上又套着九个圆铁环，环形有扁、圆两种，扁曰母环，圆曰公环。整个圆环锻造忌用焊接，不留缝隙。羊皮边沿卷裹在铁框上绷紧，不用铆钉，不用胶粘，其工艺着实令人赞叹。

志丹扇鼓源于民间山泽，流传久远，因为志丹县在

志丹扇鼓舞

历史上一直是北方游牧民族和关中耕作农业的接合部，民族杂居，交流频繁，而志丹扇鼓是基于当地居民为对付生存环境中的野狼恶兽而发明的，后来，在漫长的岁月河流中，渐渐蜕变为对抗各种自然灾害和厄运的圣器，成为神事活动中震慑邪祟之物。

艺术特征

志丹扇鼓凝重、古雅、奇特，充满神圣感和祥和之美，整体风格以文鼓为主，具有陕北大秧歌的律动。舞者上身穿马夹，下身穿红色灯笼裤，左手握鼓柄，右手持鼓鞭，头扎长辫，辫梢上系三枚铜钱，舞者左右上下摆动发辫，甩动铜钱击鼓，忽如狮子回首，忽如游龙摆尾，忽如鹤行九天，忽如猿猱渡涧，表演形式有过街鼓、踢腿转身鼓、缠头鼓、贵子鞠躬鼓、马步摇头鼓、踢脚鼓、鹞子翻身鼓、对持鼓、散跑鼓等，鼓声清脆，环声宏亮，铜钱铿锵，张弛自如，开阖大度，柔和优美，古风悠悠，人称"黄土地上的活青铜"，具有浓郁的地方特色和深厚的史学价值。志丹扇鼓舞的表演韵律深沉而欢快，洋溢着阳刚正气，显现出抗争、奋进的豪迈气概。舞姿飘逸洒脱，于浑厚中显空灵，人欲动而鼓欲静，好似人与鼓、力与美的浮雕，亦真亦幻，充分展现了善良、淳朴、勇敢、勤劳的志丹人民的精神面貌。

天水旋鼓舞

发展概况

天水旋鼓，是由武山旋鼓演变而来。旋鼓，是一种单面鼓，从质地看，鼓面用羊皮蒙制，故也称"羊皮鼓"；由于形状似大蒲扇，也可称之为"扇鼓""旋鼓"。最初，旋鼓的表演，是在山顶上点起堆积如山的柴火，大家围着火堆翩翩起舞，因而，民间又称其为"点高山"或"迎高山"。再从其队形变化和动作特点看，旋转多变，犹如旋风一般起舞，又因在民间表演时，各路鼓队相互推挤碰撞、裹挟盘旋，取旋转与盘旋之意，故而称之为"旋鼓"。

● 武山旋鼓舞

旋鼓，主要流传于甘肃省天水市武山县的滩歌、山丹、龙台、马力等乡镇。武山在历史上也是战略要地，素有"巴蜀锁钥，屯戍要塞"之称谓。距今约38000年前的武山人头盖骨化石，就出自这里。武山人尚武之风盛行，从旋鼓的表演风格中，即可见他们勇猛、强悍的个性品质，仍然存留着远古羌族的遗风，也彰显着伏羲文化的精神内涵。

相传，旋鼓是由羌族人发明的，历史上，在武山、甘谷一带，曾生活着勤劳智慧的羌民族，羌族是我国民族大家庭中古老而优秀的民族之一，最早进入农牧兼营，早期羌人的生产方式也经历了以畜牧业为主的阶段，并且特别钟爱饲养羊。从语言学角度来看，我们今天称之为"羌族"的"羌"是属他称，"羌"字从羊、从人，意为"西戎牧羊人"。历史上，羌族是以养羊著称于世的民族，故羌族与羊的关系极为密切，在羌族聚居地，至今仍保留着供奉"羊神"的习俗，是村民家中供奉的十二家神中的一个，他们认为羊神负责管理六畜，六畜的平安兴旺均归其管。由于羌人与羊有着非常密切的联系，以及对羊有极强的崇拜心理，那么羌族人发明羊皮鼓也是顺理成章的。

旋鼓，以铁圈箍蒙上精制的羊皮做鼓面，鼓面直径一般在30厘米左右，厚度仅1毫米，鼓面上绘有太极八卦图

鼓舞中华

或其他的花纹图案，下置一柄，柄端缀以铁环或小铜镲，用藤条做的鼓鞭敲击鼓面时，震动铁环或铜镲，频频作响，鼓声清脆激昂。作为主要道具的旋鼓，是人体肢体的延伸，各种动作和表演风格是因鼓的特殊形制而产生，也决定了动作造型和整体造型，便于展示其特质和动态风格。

在武山当地，从农历二、三月份开始"起鼓"，至五月端阳节，旋鼓表演达到高潮，从"起鼓"至"收鼓"，持续几个月，这一习俗在当地相沿千百年，久传不衰。每逢端阳节这一天，各路旋鼓队，在本村队旗的引导下，敲着欢快的鼓点，络绎不绝地从密林深处、从山峦中、从黄

● 天水旋鼓舞

土高坡上蜂拥而来，汇集到滩歌镇的中心开阔地带，摆开赛鼓的架势。展现在你面前的场面十分壮观，表演阵容恢宏，鼓手们个个气宇轩昂、英姿勃勃，如猛虎下山，气势逼人，他们紧跟队伍边跑边舞，随着各队鼓头的鼓点，不断变换出一条长蛇、二龙戏珠、三英战吕布、四马投唐、五虎群羊、六驾迷魂、七进七出、八龙扭丝、九宫八卦、十面埋伏等阵式，还有狮子滚绣球、太子游四门、白马分鬃、烟雾绕顶、凤凰三点头、十字填梅花、齐王乱点兵、八门套九星等复杂的传统套路。步伐变化莫测，有时纵跳，有时横跨，时而左右踮步，时而又"坐马式"狂奔。只见赛鼓场上，鼓声震天，风尘滚滚，各队相互推挤碰撞、裹挟盘旋，这里纯粹是力的较量，是气势的抗衡，更是内心情感的宣泄，众人还不时吼出嗨嗨、噢噢的声音，仍保留着原始状态的野性。但狂野而不粗鲁，勇猛而不莽撞，脚如脱兔一般灵巧，从不踩踏别人，队列井然有序，鼓声雄浑有力、错落有致，犹如千沟万壑山洪猛泻，恰似滚滚惊雷当头掠过，令人震撼。

当夜幕降临，各个村落又有"点高山"的活动，大家把准备好的柴薪垒得像高山一样，故谓之"高山"，全村人兴高采烈地围着"高山"，由村里德高望重的老人将"高山"点燃，鼓手们围着火堆，奔放地"旋"起鼓来，

鼓舞中华

边旋边往火堆里抛"高山馍"，期盼来年粮食满仓。老人、妇女和儿童在火光的映照下，笑逐颜开，熊熊的火焰，映红了层林山峦，喝彩声、旋鼓声交织在一起，唤醒了沉睡的村庄，这是属于中国农民真正的狂欢节。由此可见，世代生活在黄土地上的农民期盼风调雨顺、五谷丰登、生活幸福美满，这种期盼与愿望被折射在了旋鼓上。因而，在旋鼓活动中，沉淀着先民们与大自然斗争的不息精神和对美好生活的殷切期盼，充满了浓郁的乡土气息，展现了陇原儿女潇洒活泼、热情奔放的飒爽英姿，洋溢着奋发向上的豪迈气概。

艺术特征

改编后的天水旋鼓舞，更具观赏性，在挖掘、改编的过程中，编导者遵循舞蹈的编排规律，追求完整性和观赏性。凸显出旋（转）、灵（巧）、变（化）的独特风格，使天水旋鼓成为广场舞蹈的表演形式。为了整个舞蹈结构的合理性，

🥁 天水旋鼓舞

并没有单一地表现旋鼓，而是尽量扩充表演内容，丰富舞蹈语汇，增加表演情节。因此，用"华伞"和"旗幡"的位移来丰盈舞台空间，击鼓动作有低姿、中姿、高姿和跳跃，并设计出"拜四方""喊山岳""羊跳欢""回马枪""拉弓射箭""扬鞭催马""回头望月""小鬼跳神""旋风骤起""小丑拜年"等20多个特色动作，表现出较合理的舞台表演层次和立体感。用镲、锣的敲击以及鼓柄上铁环的抖动，增加音效气氛，用甩"蟒头"（当地民间祭祀活动中司公，即主司用的假长发辫）的表演展示舞蹈技巧，设计了"矮子步"击鼓动作，平添诙谐与滑稽，增强了喜剧色彩。这些表演内容都紧扣当地的民俗风情，特别是能够在有限的时间和空间里，最大限度地展示地方民俗文化，整体上做到表演洒脱诙谐、悠然自

鼓舞中华

得、动作刚健、节奏明快之特点。击鼓动作技巧复杂，跌宕起伏，旋转奔放，舞步潇洒自如、行云流水。队形变化纵横穿插、聚合开张有序。鼓手时而敲击鼓面，时而抖动环佩，边敲边舞，那舞姿激昂热烈，鼓点变化多端，时而紧促，扣人心弦，时而舒缓，使人流连。表现出强悍、粗犷、刚毅、豪放的精神气质，充分展示出西北汉子的阳刚之气。更有那点缀在帽缨、鞋面上的红色绒球以及缚在鼓柄、鼓鞭上的红缨穗，火一样的耀眼，只见旋鼓上下翻飞，如激流滚滚，似万马奔腾，把你带向遥远的洪荒世纪，带进历史的回忆，带进欢乐的海洋……

热巴鼓舞

发展概况

热巴鼓舞，是流传于西藏、云南、四川、青海、甘肃的藏族聚集地的传统舞蹈，历史悠久。在中华民族众多的舞蹈种类中，少数民族舞蹈是劳动人民在劳动中逐渐创作和形成的，有其独特的风格和魅力，被广大人民所喜爱，是中华舞蹈史和中华民族史的重要组成部分。少数民族以能歌善舞、创造力丰富而闻名，藏族舞蹈有很多种类，如锅庄、弦子、踢踏、热巴鼓等。其中，热巴鼓舞起源于宗教信仰，有较浓郁的宗教色彩，跳热巴鼓舞的原始动机，

🥁 热巴鼓舞

是为了求佛保佑村寨平安、六畜兴旺和驱除灾祸、祈盼丰
收。传统热巴鼓舞最初就是为了迎接神灵和歌颂神灵而举
行的宗教仪式，是集鼓、铃、锣、舞于一体的大型集体歌
舞，最具藏族特色，是一门将铃鼓舞、杂剧、哑剧、寓
言、歌舞、说唱、杂技、小戏、弦子舞等艺术种类巧妙融
合在一起的综合性表演艺术。热巴鼓，是热巴鼓舞表演中
的重要道具，表演时，男子右手持铃，左手持黑白相间的
牦牛尾，腰间系多条彩绳，舞蹈的技巧性较强，初时舞姿
轻捷，高潮时感情奔放，动作粗犷有力。女子右手持鼓，
左手持鼓鞭，以弦子舞步为基础，用旋转、敲击鼓点的快
慢来变换动作。鼓铃，是热巴鼓舞的重要组成部分，表演

开场时通常先敲击鼓铃，以此召集围观者入场。"牦牛尾"也是热巴鼓舞独具特色的道具，舞步中双脚跳转、半蹲点步转、平转等明显具有模拟牦牛动作、习性的特点。牦牛曾是藏族图腾崇拜物之一，热巴鼓舞中执牦牛尾，正可窥视藏族牦牛图腾崇拜的远古遗风。

艺术特征

热巴鼓舞，既有锅庄舞的庄重、稳健，又有弦子舞的轻盈、飘逸，并以不同的鼓点，形成各种组合，鼓点有单一鼓点、二连鼓点、三连鼓点、六点鼓、七点鼓、九点鼓、十点鼓。开场时，由男演员左手持牦牛尾、右手握手铃，有节奏地摇铃，按顺时针方向入场。女演员左手持鼓，右手握鼓鞭，在击鼓中按逆时针方向入场。男女演员

热巴鼓舞

摇铃、击鼓三声后，转入颂神曲的对唱，热巴鼓舞的动作技术特征多为曲背、弓腰、摆手、转身、转胯、弯膝、蹲步、踢腿。舞蹈对男子的身体素质、力量要求较高，主要体现为肌肉强健有力、四肢灵活多变，而对女子的身体灵活性要求更高，主要体现为上肢舒展大方、下肢灵活协调，具有一种表现美的特性。热巴鼓舞的审美价值，具体表现在男子阳刚、女子柔美的舞蹈姿态中。在奔放、热烈的舞蹈中，不断地变换着它的节奏和动作，再加上高超的技巧，给观众带来一种震撼之美。在舒缓、柔和的旋律中，舞者尽情地舒展着自己的肢体，变换着优美的舞蹈动作，不断地延伸着每一个舞姿，用丰富的肢体语言，向观众诉说着舞蹈表演者的情感，带给人们一种赏心悦目的美感。热巴鼓舞的动作爽朗大方、粗犷矫健，女子舞姿变化多端、耐人寻味，男子舞姿稳健潇洒、豪放有加。从舞蹈的整体形态和韵律上，可以看出藏族人民坚强、刚毅、豪放和不拘一格的独特性格。热巴鼓舞成为可代表藏族人民品格的一种完整的传统艺术形式。从整体来看，热巴鼓舞是藏族古老的艺术形式之一，经后世历代相传，不断地注入民间文化特色，具备了自己独特的艺术风格。

　　源远流长的藏文化必然会衍生出别具一格的舞蹈，舞蹈的祭祀目的也统领着舞蹈的韵律、节奏与舞蹈姿态，所

以，热巴鼓运用在祭祀舞蹈中也为其注入了具有祭祀特色的文化内涵。在热巴鼓舞发展历程中，不断地完善了节奏形态、舞姿律动等。

秦安扇鼓舞

发展概况

秦安扇鼓舞主要流传在甘肃省天水市秦安县境内，是典型的民间祭祀礼仪性舞蹈，其流传地处于伏羲文化、大地湾文化、三国文化、丝绸之路文化圈，故包容了诸多的文化元素，正是这一特性，决定了其重要的文化价值。秦

● 秦安扇鼓舞

安扇鼓舞舞者通过一整套高度程式化的动作，来表达他们特有的文化意识。就艺术形态观之，秦安的民间祭祀活动是歌、舞、乐的综合体；以文化形态观之，秦安的民间祭礼是民间信仰、民俗和民间艺术的综合体，明显有崇新、求净、尽孝、尚红、团圆、喜庆、祈福、联谊等文化特征。这种融合状态隐含了原始文化的基本形态。秦安祭祀活动根植于中国特有的农耕生活，并从中生长出来，其基本特质就是农耕生活的基本欲求和天人关系中升华出来的一种独特的农耕信仰。

每逢村子里举办"过会"活动，都会吸引远乡近村的村民身着节日的盛装，扶老携幼赶来参加，其重视程度等同于盛大的节日或庙会。在祭神过程中，随着仪程的推进，他们神态端庄，自觉配合，时而恭敬站立，时而虔诚跪拜，在这样一个安详的村落，祈天祭神的祭礼是如此庄重，祈愿的人们如此肃穆，天、地、人如此和谐。表演者与观赏者融为一体，共同享受着太平盛世、歌舞升平的喜悦。秦安扇鼓舞为集体表演形式，主要用于当地民俗敬神活动的表演，在王咀村，祭神活动每年一度，为期三天，一般安排在农历八月中旬的农闲时节，"传神"仪式内容繁杂，程序安排有序。计有16项内容：第一天的日程有请神、喜神、掖神、迎水火、耍香火、话香、背鼓、滚灯、坐坛、劝灶等十项内容；第二天有开坛、供神、割保状、炸山、私家请神还愿等五项内容；第三天是最后的散神仪式。从祭神活动一开始，扇鼓被作为主要的法器，始终伴随整个祭神过程。扇鼓表演时将鼓手区分为师公、师婆，各角色有专门服饰。师公上身着黑色对襟服装，在对襟、领口、袖口均有红色绳边，上箍一条粉色丝带，从头前绕到脑后束紧，沿两耳侧自然垂下。头戴网状头套，前缀黄色绒花，下身穿黑色灯笼裤，脚蹬黑色布鞋。师婆（由男性扮演）穿粉色对襟长衫、长裤，外罩红绸法裙，包黄边，头戴网状头套，前缀黄色绣球，脚穿黑色布鞋。

🥁 秦安扇鼓舞

秦安扇鼓舞的表演是程式化的，有相当完整的表演套路，在"传神"活动的不同时段，有相对应的表演内容，一般不即兴发挥。秦安扇鼓舞表演人数不多，通常由十二名训练有素的乡民担任，并以青壮年男子为主。这由十二人组成的表演队伍，应该是有一定的象征意义，也许这就是在民间通常称谓的"十二神家"的历史演变。其实，在东汉大傩中有"十二神兽"、唐代大傩中有"十二执事"，他们应该是一脉相传的，或者说秦安扇鼓舞在发展过程中与傩舞、傩戏有着某种内在联系。十二人围成向心的圆圈，鼓手左手拿扇鼓，右手持鼓鞭，边敲边舞，动作潇洒大方、优美细腻、柔中带刚。有集体表演，也有单人、双人、四人的对打。从队形变化看，有走圆场、龙摆尾、走单"S"形、走双"S"形、二龙吐须、绕"8"字、旋四角、走八卦、剪子股等。从个人动作看，有"反背击鼓""遮风避雨""女娲补天"等。

艺术特征

　　秦安扇鼓舞集舞蹈、戏曲、武术于一体，表演形式独具一格，它所携带的民俗文化元素十分丰富，配合鼓舞的各种道具，就分别隐含了金、木、水、火、土五行学说。在步伐与队形之中突出八卦阵势，并融入了傩舞、萨满舞的艺术元素，可称为民俗文化的活化石。它是当地独有的

鼓舞中华

民俗活动，尽管扇鼓表演贯穿整个祭神过程，但大多数时间起着伴奏或烘托气氛的作用，具有观赏性的表演主要集中在"喜神"和"背鼓"的仪程中。特别是"喜神"部分的表演，应该是整个表演的主体部分，随着祭祀活动的进行，人们为了让请来的"神"高兴，特意安排一段表演，其实这就是一个娱神的程式，同时也是一个娱人的过程。这时，扇鼓手们左手执扇鼓柄，右手执鼓鞭，在场院上扭起舞步，敲打着轻快活泼的鼓点或晃动鼓环，时而欢腾跳跃，时而旋转，击鼓动作花样翻新，各种绕鼓花的动作优美别致，令人眼花缭乱，扇鼓风格纤细、优美、抒情，鼓点节奏有单点、双点、花点、小碎点，点数繁多，点点悠扬清脆、快慢协调，给人一种心旷神怡的感觉。鼓手们有时成排面对神位站立或呈跪姿轻敲鼓面，即刻又成两排向前推进，脚步移动和队形变化如蛇一般蜿蜒游动，舞步轻慢，优美随意。有时又围圈跳打，腾挪躲闪，颇显几分功力。双人对打时，配合默契，造型高低错落有致。绕鼓花的动作变化不多但婉约优美，"摇步""矮子步"走起来时，腰部随着脚步自然摆动，上下起伏很大，犹如风摆一般。表演中会有一人担当丑角，只见他以足尖着地，双肩随着鼓点上下抖动，双腿半蹲，平添几分诙谐与幽默，引来观者笑声，达到人"神"共乐共喜的目的。在仪程中，还穿插鼓词说唱，鼓词富有乡土风味，妙趣横生。祭祀活动往往要持续到晚上，每逢夜间表演时，鼓手们排成一字长蛇阵，在鼓乐声中，灯火之下，于欢乐的人群中往来穿梭表演，欢声笑语在山间回荡。

　　"背鼓"部分的表演应该是秦安扇鼓舞的精华之所在，这个情节实际就是"神附体"的过程，一师公扮相者出场，这一角色通常是由村里年轻的扇鼓传人担任，表演开始时，他手持一面鼓，逐渐增加至两面、四面、八面，直增至十二面鼓悬挂身上，分别用嘴衔两面，腰悬四面，双手各持两面，两只胳膊各垂两面鼓。从将第一面鼓到十二面鼓全部背在身上，用时非常短，近似川剧的变脸表演，刹那间十二面鼓有序地悬挂在身上，背鼓者此时自觉是天神下界，已附着了非凡的神力，

 秦安扇鼓舞

威力无比，相继做各种旋转、跳跃等较难动作。只见人随鼓转，鼓随人旋，已经看不清被鼓包围的鼓手，只看见十二面鼓在旋转，形似一只硕大无比的刺猬在地面滚动，人们不敢近前，把整个祭祀活动推向了高潮。鼓手又按刚才的程序，将十二面鼓依次去掉，此时的表演虽带有神奇、肃穆色彩，但鼓手的动作显得灵活自如，舞姿优美潇洒，具有相当的震撼力，极具观赏性。在整个祭祀活动中，鼓呈现出祭器和乐器的双重含义，同时，乐与舞之合一，娱神与娱人之合一，这一系列活动，通过一套技术、程序整合在一起，充分显示了民间艺术与民间信仰合一的文化形态，是一种很别致的原始民间舞蹈。

虽然在秦安扇鼓的发展过程中，存留了萨满舞、傩舞、傩戏的主要艺术元素，但无不打上地域特点的烙印，融入伏羲文化的内容。从动作和步法移动来看，多以单"S"形或双"S"形前行，师婆的发套上戴有长发辫，当地人称之为"蟒头"，传说中伏羲是人面蛇身，因而在表演扇鼓时鼓手的行走路线是模仿蛇行之禹步，队形变化如游蛇蜿蜒，湖南巫师称之为"踩八卦"。据说"踩八卦"之禹步是夏禹祭祀祖先的舞步，在扇鼓表演中，甩蟒头的彩色发辫是人面蛇身的扮相。闻一多先生在《伏羲考》中描述了图腾崇拜的祭祀场面，鼓手脑后束辫正暗合人面蛇身的扮相，舞步、队形、呼啸是对蛇的举动的模仿，以期获得祖宗的认同和庇护。在整个舞蹈中处处隐含着八卦的痕迹，应该认为秦安扇鼓从一开始就是源于祭祀活动的巫舞，保留了比较原始的舞蹈形态，在其发展过程中又融入了伏羲文化及地域特色。

巴郎鼓舞

发展概况

巴郎鼓舞始于公元8世纪前后，是一种古老而鲜为人知的民间舞蹈，主要流传于甘肃省卓尼县境内，藏语称巴郎鼓为"沙目"（莎姆），其活动场所叫"莎姆场"。莎姆舞，是以巴东鼓为主要道具，故也称为"巴东鼓舞""巴郎鼓舞""拨郎鼓舞"等。

卓尼县历史悠久，早在新石器时期，藏族先民繁衍于洮河沿岸，在漫长的历史长河中，孕育出灿烂的民族文化，巴郎鼓舞的起源，与古羌族人的原始祭祀活动有着密切的关系。除了具有藏族文化源远流长、古朴神秘等共性外，还具有鲜明的农耕文化和各民族交汇融合的多样性风格。流行于卓尼境内藏巴哇镇的巴郎鼓舞，是卓尼藏族文化艺术多样性风格的集中体现，这一独特的民间艺术形式，为卓尼民俗文化乃至藏族文化增添了色彩，极具研

鼓舞中华

🥁 巴郎鼓舞

究、开发价值。

　　巴郎鼓舞并非随时可以跳，也有时节、仪式和禁忌，舞者没有年龄、性别限制，男女老少皆能跳，但男女不一起跳。巴郎鼓舞一般在春节期间的农历正月初五至十五日表演，自正月十六日起，将巴郎鼓高高供起，留作来年再用。正月期间，演出巴郎鼓舞的日子叫"曼拉节"（相当于汉族的春节），届时当地的老百姓都要在开阔的场地上集体表演这种祈祷平安吉祥和五谷丰收的舞蹈，舞者手里拿着一个双面羊皮鼓，形似较大的"拨浪鼓"，随着沉稳、强健的舞步，不断摇击，并循着节奏高声齐唱，舞蹈节奏紧凑，动作粗犷有力，歌词为庆贺丰收、互道节日愉快的祝词，也有歌颂家乡自然美景、好人好事，及针砭时弊等内容，有的则是猜谜式的"盘歌"，从巴郎鼓舞的内容和形式来看，它与苯教文化有直接的渊源关系，因此有极高的研究价值。

艺术特征

巴郎鼓舞融说、唱、舞于一体，是具有明显的宗教性和娱乐性的藏族舞蹈。除了舞姿优美、庄重，双方的歌词问答环节最为精彩，对歌的歌词，内容涉及宗教和民族历史，以及生产、生活等方面，歌词含蓄古朴，曲调内容

● 巴郎鼓舞

丰富，有很高的思想性和娱乐性。几十个英俊汉子手持巴郎鼓翩翩起舞，浑厚的鼓声和高亢的歌声在几里外都能听到，巴郎鼓舞粗犷健美、风格浪漫、节奏感强，具有古朴、豪放的风格和浓郁的民族特色，咚咚的鼓声、雄健的舞步，给"曼拉节"平添了无尽的欢乐。

浑源扇鼓舞

发展概况

浑源扇鼓，又名太平鼓、单鼓、羊皮鼓。每逢春耕之前，民众手持羊皮扇鼓，边敲边唱，祈盼秋后丰收，故名迎春鼓。后来，巫婆、神汉将扇鼓作为驱邪的工具，民间也多用于婚丧嫁娶等民俗活动，因而又称"喜乐"。最初，扇鼓主要流传于我国东北地区，1644年，清兵入关以后，也将扇鼓带到山西、河北、内蒙古等地区，尤其在山西的浑源、山阴等地最为流行。

浑源扇鼓是用羊皮蒙制鼓面，呈圆扇形，直径约40厘米，鼓面上绘有鸟、兽、鱼、虫和花卉、草木等图案，鼓柄挂有两个铁环，在环尾处缀以五彩丝穗，样式精致美观。表演时，演员手持鼓鞭，边唱边击鼓表演，有走唱、坐唱、独唱、对唱等。台步轻快，舞姿优美，画面整齐。演出既可在田间地头，抑或在街头广场，也能在剧院舞

台登上大雅之堂。可以多人表演，也可单人表演；既可以独唱，也可以合唱、对唱，还可以与其他艺术形式穿插联唱。浑源扇鼓

浑源扇鼓舞

舞集民间舞蹈和曲艺演唱之大成，真可谓机动灵活、形式多样、内容丰富。

艺术特征

浑源扇鼓舞的表演不只鼓乐，还有舞步，演员表演时，分别扮演生、旦、丑等角色，其中小旦上身穿红袄，下着裙子，头上盘挽红绸绣球，脚穿三寸高的木头鞋，右手握扇，左手拿着彩巾，动作婉约，扇花多变。"摇步"走起来两手端于腰际，腰部随着脚步自然摆动，犹如风摆一般，悠缓慢舞，表演优美、细腻。生角头戴礼帽，身穿大衫，左手拿扇鼓，右手持握鼓鞭，边敲边舞，动作潇洒大方。如"拉钻"这一动作，肩部随着鼓点左右晃动，然后突然右腿蹲下，左腿伸直，上下起伏很大，表演灵活，柔中有刚。老旦的道白妙趣横生，富有乡土风味。丑角双肩上下抖动，下身半蹲，行动以足尖着地，表演幽默诙

鼓舞中华

● 浑源扇鼓舞

谐。扇鼓的基本鼓点有单点、双点、花点、半拍击点、小碎子点，所用曲调多以中国民歌、小曲、地方小唱腔为主，表演形式单人、多人均可。表演有集体舞、双人舞、单人舞，双舞对唱，合舞合唱，独舞独唱等，主要曲牌有《放风筝》《画扇面》《落子调》《翠屏山》等。扇鼓舞从民间传统戏曲中移植了不少剧目，如《姜太公钓鱼》《文王拉纤》《李三娘推磨》《宝莲灯》《佘赛花招亲》《七仙姑下凡》《唐僧取经》《小放牛》等。

象脚鼓舞

发展概况

象脚鼓，因鼓身形似大象的脚而得名，广泛用于歌舞和傣戏的伴奏，是傣族歌舞中不可缺少的民间乐器。象脚鼓还受到景颇、佤、傈僳、拉祜、布朗、阿昌和德昂等民族的喜爱。象脚鼓外形似一只精美的高脚酒杯，它是用一整段木材（或几块木料拼粘）制作，通体中空，上端是杯形共鸣体，鼓面蒙皮，鼓皮四周用细牛皮条勒紧，拴系于鼓腔下部，并可调节其紧张度。鼓身外表涂漆，鼓腰和鼓的下半部雕有装饰图案，图形多为孔雀，有的鼓身上系有花色绸带和彩球。有的象脚鼓还插上几根孔雀羽毛，孔雀是傣族人最珍视和喜爱的鸟类，代表着吉祥如意，表现了傣族人民对美好生活的向往和追求。同样，象脚鼓造型似大象的足，而大象在傣族人的心中象征五谷丰登、生活

🥁 象脚鼓舞

鼓舞中华

🥁 象脚鼓舞

美好，在象脚鼓中看到了孔雀和大象的身影，表明傣族人民对美好生活的向往。演奏时，将象脚鼓背带挂于肩上，鼓身斜向身前，也可将鼓直立于地，左手扶住鼓边，以食指、中指、无名指、小指和右手配合交替敲击鼓面。傣家鼓手演奏时，为了改变鼓的音色和音高，还在鼓面中心糊上饭团，用饭团的大小、薄厚来改变演奏效果。象脚鼓常与铓锣、镲组合在一起，为傣族的孔雀舞等民间舞蹈伴奏，在民族乐队或傣戏乐队中，象脚鼓常作为色彩性节奏乐器使用。此外，象脚鼓还与舞蹈相结合，这就是人们熟悉的"象脚鼓舞"。

艺术特征

象脚鼓的敲奏方法十分丰富，有正拍、闷拍、指拍（用一个指头）、掌拍和拳击（半握拳）等，往往随着表演情绪的变化，手指、掌、拳、肘、脚并用，鼓点纷繁多变，鼓手边敲边跳，不时做出摆鼓、甩鼓、摇晃转身等动作，舞姿十分优美。象脚鼓有大、中、小三种，大（长）象脚鼓是象脚鼓中最高大的一种，音色雄壮、浑厚，以打法变化多、鼓点丰富见长，有一指打、二指打、三指打、掌打、拳打、肘打，甚至脚打、头打，多为一人表演，或为舞蹈伴奏。中象脚鼓音色激越、昂扬，是象脚鼓中用途最广的一种，常用于象脚鼓舞或节日庆祝，一般用拳打，个别地区用槌打，它没有更多鼓点，一般是一拍打一下，或是左手指加打弱拍，鼓音的长短、音色高低要视在舞蹈时，以鼓的尾部摆动大小为标准。舞蹈时，舞步扎实稳重，刚健有力，动作幅度大，舞姿丰富，不限定人数，人少时对

象脚鼓舞

打，人多时围成圆圈打。小象脚鼓外形有如矮脚杯，在西双版纳较多见，音色清脆明亮，舞蹈时灵活跳跃，以斗鼓、赛鼓为特点，"斗"和"赛"中，以灵活、机智地进攻、退让，最后抓住对方帽子或包头为胜，一般二人对赛最为常见，小象脚鼓不如大中型鼓应用广泛。

象脚鼓的鼓身系黄色或其他彩色绸带，击鼓人边敲鼓边舞蹈，鼓声时急时缓，节奏明快，击鼓人就是整个舞蹈的组织者和指挥者，人们随着鼓声欢乐舞蹈，舞姿婆娑，变化万千，具有傣族舞蹈的艺术特色。

铜鼓舞

发展概况

铜鼓，是中国古老、独特的鼓种，青铜器出现时就有了铜鼓，在中国的南方北方都有，如河南安阳商代铜鼓、湖北崇阳商代铜鼓、渤海铜鼓、沈阳铜鼓，均属北方型铜鼓，这类铜鼓数量较少。铜鼓的大量制作和保存，主要在南方，而且南方铜鼓的造型与北方铜鼓显然不同，多受滇文化和荆楚文化的影响。据铜鼓研究会1980年对全国十二个省、自治区、市铜鼓普查统计，各地文博机构、科研院所等收藏的铜鼓，达1460多面，分散收藏在苗、瑶、壮、布依、土家、水、黎、佤、彝等民族聚居地区的铜鼓，至少有800余面。

　　铜鼓起源于革鼓的演变，在古籍中，就有"粤地濒海饶湿，革鼓多痹缓不鸣，故铸铜为鼓"。南方铜鼓的历史久远，云南自古以来就是著名的铜、锡产地，考古证明，云南中部地区青铜铸造业出现很早，剑川海门口青铜时代初期遗址出土的文物说明，至少在距今3100多年前，这里就有了铜矿开采业，并已使用铜器了，这也为铜鼓的制造和使用创造了重要的社会条件。滇池，在春秋战国时代已进入奴隶社会，据目前发掘的大量铜鼓可知，自商晚期始，历代都有铜鼓铸造。铜鼓是广西、广东、云南、贵州、四川、湖南等省区的古代统治者权利与财产的象征，

🔴 铜鼓舞

鼓舞中华

也是祭祀、宴享、传信及伴奏的主要乐器，又是古代赏赐、进贡的重要礼器，至今仍有择吉日良辰跳铜鼓舞的风俗。铜鼓舞，是青铜器时代的文化遗存与发展，沉淀着古代农耕民族、沿海渔民的文化创造，可以从中探寻铜鼓在民间舞蹈发展中的重要影响。

艺术特征

铜鼓舞的表演形式以铜鼓为主，还配合芦笙、大鼓等乐器作为伴奏，一般都在节日中进行。各民族有自己的特定节日和活动方式，舞蹈的跳法与风格各有特色，他们从不同方面继承了古代铜鼓、铜鼓舞的功能与乐舞习俗，并不断汇入新的舞蹈元素，在彝族、壮族、苗族中流传的铜鼓舞，是具有代表性的铜鼓舞。

● 铜鼓舞

🥁 铜鼓舞

彝族铜鼓舞。属集体舞蹈，舞者围成圆圈，踏着鼓声节奏沿逆时针方向起舞，跳完一组动作，再跳另一组，内容反映了彝族的农耕生产生活。彝族的铜鼓舞动作古朴，舞蹈语汇非常丰富，演奏具有专门技巧，一人用公、母两面铜鼓可演奏十二种音调组合，简称"十二调"。据称，公鼓代表太阳，母鼓代表月亮，十二调代表一年十二个月。铜鼓舞在"跳宫节"上的表演最具特色，全村寨的人都穿着节日的盛装参加活动，场边吊起铜鼓，先举行一定仪式敬神，唱"铜鼓歌"，歌词内容叙述了彝族的历史，在铜鼓击打声与芦笙吹奏声中，大家

鼓舞中华

围着金竹跳舞，表演狩猎、耕作、纺织等内容的舞蹈，展示当年的点兵出征、战斗、凯旋情节。彝族人认为，铜鼓是万物之灵，通过敲铜鼓、跳舞，可以向上苍和祖先传递人们的美好意愿。

壮族铜鼓舞。表演铜鼓舞时，把四面铜鼓吊挂在村前大榕树上，由四个青年持竹片敲击，将一面大皮鼓放置场地中心配合铜鼓，舞者双手持鼓槌或正击、反击，或转身、翻身，变换动作边击边舞，舞姿矫健洒脱，四个青年配合舞者的表演敲击铜鼓，时轻时重，时缓时急，音调和谐，浑然一体，使鼓舞更加完美。鼓手有节奏地击鼓，通过鼓点的节奏变化为舞蹈者的动作和队形变化伴奏，其特点动作按形式有六七种。每种动作各有不同的舞步和节拍，风格不尽相同。铜鼓舞中的集体舞由男女青年排成半圆形、一字形、纵向、交叉对跳、四方形等队形，舞步矫健有力，舞姿粗犷灵活，动作幅度大。在春节期间，各村寨铜鼓队常把铜鼓搬上岸边山头，隔河与对岸的队赛鼓，鼓手们奋力敲击，都想以洪亮的鼓声压倒对方，直至对方息鼓无声，方算取胜。围观助兴的群众，用草笠为击鼓者扇凉。入夜，人们持火把川流其间，更是热闹壮观。壮族人认为，敲铜鼓起舞，可以为村寨降妖驱邪，祈求平安。

苗族铜鼓舞。多在盛大节日，如"吃牯脏"、苗年、芦笙节等节庆中表演，舞者人数不限，经常是成百上千人，围成几个大圆圈，和着铜鼓的敲击变化，互相呼应。常见的表演是将铜鼓悬于庭前和场坝之中，由击鼓者一手执木槌敲鼓腰，另一只手持皮头槌击鼓面伴奏。舞者则围成圆圈，踏着抑扬顿挫、铿锵有力的鼓声，表演以日常劳动生活为内容的舞蹈，至兴高采烈时，还击掌呼号，喊出"嗨哧哧"之声以助兴。每种舞姿都包含一定的内容，舞蹈动作主要来源于狩猎生活、农业生产劳动和对动物形态动作的模仿，如骑马、赶鸭、捕鱼、捞虾等。苗族铜鼓舞以胯部的扭动和上身的摆动为主要特点，舞步豪放，舞蹈动作幅度大、难度高，时而如蜻蜓点水，时而如猛虎下山，独具风格。雷山苗族铜鼓舞最具代表性，相传有12种舞步，其中一种已经失传，目前能收集到的有捉蟹舞、翻身舞、迎客舞、获猎舞、鸭步舞、送客舞、祭鼓舞、放牧舞、捞虾舞、送鼓舞、共欢舞11种，每种舞均有鼓点鼓曲，舞姿也各不相同。

白银背鼓子舞

发展概况

白银市，这个闪烁着金属光华的城市，具有悠久的

历史和光荣的革命传统。白银是中国古丝绸之路的咽喉要道，是中西文化交流传播的重要桥梁，已经发现旧石器晚期的文化遗址1处，新石器时期的文化遗址有30多处。境内有半山文化遗址、吊沟古城汉墓、糜滩石器文化遗址、明长城、寺儿湾石窟等文化遗址，说明距今5000多年前就有人类在这里繁衍生息。1936年10月，中国工农红军第二、第四方面军在会宁、静宁与红军第一方面军胜利会师，在中国革命史册上写下了光辉的一页。悠久的历史孕育出了丰富多彩的民间民俗文化，民间剪纸、刺绣艺术、民歌、说唱音乐、古琴演奏、民间舞蹈，以及独特的打铁花、火链球、滚灯、舞狮子、景泰背鼓子等民间艺术，是白银文化资源中的精华。白银背鼓子，由景泰背鼓子改编而成，红红火火的白银背鼓子，鼓、舞结合，清新欢快，鼓点激昂，风格独特，以少儿舞蹈的表现形式，巧妙构思，以此传承厚重的鼓文化。

传说，"天将雨而商羊舞"，这里的"商羊"，就是远古时的神鸟，行进时单足着地，另一足蜷缩收起，交替跳动前进。每当此鸟出现，翩翩起舞时，就会普降喜雨，滋润大地万物。因而，每当天旱时，当地百姓遂模拟商羊，屈其一足，击鼓歌舞，祈求上苍庇护众生。从此，背鼓子舞便成了人们祈望消灾免难，庆贺丰收，表达美好愿望的传统舞蹈并延续至今。原生态的背鼓子舞所表达的思想内涵是当地人们对朴素的生命意识的理解和对神灵的崇拜，是人们祈庆丰收、喜迎佳节的庆贺仪式。景泰背鼓子舞历史悠久，风格淳朴，融唱、扭、跳、打于一体，风格独特。衍生于景

🥁 背鼓子舞

泰背鼓子舞的少儿鼓舞，传承了古老背鼓子舞的精、气、神，以及阳刚矫健、激烈雄浑的气势，在甘肃众多的鼓舞中独树一帜，占据了一席之地，同兰州太平鼓、天水旋鼓、武威攻鼓子一起被誉为甘肃"四大名鼓"。

白银背鼓子舞共分为三个舞段：第一段是暴风骤雨般的前奏，随着一声激越嘹亮的唢呐响起，大鼓演员敲打大鼓，引领节奏，在密集的大鼓声中，一群手执飘舞着红色长绸的鼓槌的舞者，前后背挂双鼓从四面八方飞奔上场，瞬时排列整齐，大喊一声，高高跃起如雄鹰展翅，之后便

鼓舞中华

● 白银背鼓子舞

开始了急速猛烈的舞动。舞者手拿双槌上下左右、身前身后击打，鼓声清脆激越。脚下踩、蹬、蹦、蹲、踹、蹉，翻飞跳跃、奔腾盘旋、敏捷雄健，加上肩部的上下耸动、左右甩动，更增强了动作的韵律感，使得背鼓子舞"矫健中见稳重，刚柔中见神韵"的独特风格得到充分体现，表演情绪热烈，一气呵成。第二段采用充满欢快情绪的中板，当鼓子舞表演结束后，鼓子演员散坐四周，腊花演员手拿双帕，在动感十足的旋律中欢快地扭动上场，手帕正绕、反绕、旋转、抛接，及后搬腿、前桥、屁股座子等动作，使腊花舞的表演既灵巧俏丽又具有力度与难度，同鼓子演员怡然自得以及大鼓演员随音乐击打鼓点的表演水乳交融、相映成趣。第三段，在粗犷豪放的快板中展开，鼓子、腊花合二为一，共同起舞。鼓子演员在中央旋转跳跃，奔腾盘旋，腊花演员在四周旋转手帕；鼓子演员跑动击打，腊花演员穿梭在鼓子演员中间，同鼓子演员配合默契，托举翻转、雀跃扭动，准确恰当地体现出"鼓与舞"的完美结合。随后，腊花演员迅速从舞台各处跑向两边，排成"八"字队形，高举双帕旋转欢呼，鼓子演员迅速向后跑，排成大三角，从后场挥舞红绸高喊着向前推进，像燃烧着的一簇簇烈火，红彤彤照亮了整个舞台，舞蹈进入了高潮。此刻，锣鼓敲得快，唢呐吹得紧，击鼓更猛烈，情绪更欢快，喊声更响亮，舞蹈在鼓子演员震天动地的跺脚声、喊叫声所营造的强烈气氛和高昂的情绪中结束。

艺术特征

当你观赏背鼓子舞表演时，演员屈一足，单足着地跳动是舞蹈的最显著特点，也是背鼓子的魂之所在。这一特色在舞蹈中的表现形式主要有两种：一种是"单腿跳动"，双脚同时起跳，在空中一只脚蜷缩收起，另一只脚迅速踹出成商羊腿，这时双脚的动作随身体在空中定格，类似跳跃在空中略微停顿的样子，落地时身体快速转向另一面，换腿重复进行，边转身边起步。"单腿跳动"最为明显的特征，是在节拍固定不变的情况下，表演者连续跳

起踹腿两次，颇显功力，尤其是众多表演者同时表演时，双脚交替跳跃踹蹬，犹如万马奔腾，真有股龙腾虎跃之势、蛟龙出海之力。另一种为"两步一蹬"，一只脚原地蹉动两次后轻轻跳起，重重落下，强调落地时的有力跺击，另一只脚先绷紧后蹬踢，强调蹬出时的力度。自始至终，体现一足独立支撑，另一足舞动的特征。这组动作既能原地完成，又可行进跑动表演，从而体现了模拟商羊行走跑动的物象形态。同时辅之骑马蹲裆步、弓箭步等步法进行衔接，突出单腿跳动的表现形式，使得单腿跳动的动作反复出现。充分展示了背鼓子屈一足，独足着地跳动的表演风格。

"大鼓小手帕"也是背鼓子舞的另一特点，腊花舞表演配合鼓子舞表演，渲染气氛。鼓子舞演员动作刚劲有力，腊花舞演员动作俏丽灵巧，形成强烈的反差和对比。一刚一柔，刚柔相济，给人一种力与美的视觉感受，整个舞蹈律动形态复杂，通过不断变化，表达表演者的内心激情，表演者随着快速强劲的节奏，脚部开始了复杂的踢、踏、跳、跃及跺、踹、蹬、蹉，干净利落。身体反复晃、扭、摆、甩，力道十足。身体大幅度地前倾后仰、左右摆动，力度极强。加之表演者击鼓时情不自禁地微微摇头、晃肩，使内在感情与外在的律动有机地结合，达到形神兼备、和谐自如，从而形成了有收有放、有弛有张、进退有序、浑厚有力的特殊律动，由于道具鼓的独特设计，形成了击鼓方法的多样性。主要击鼓方法有双手同时上下双击，一手上、一手下同时双击，单手分别单击，双手同时击打一个鼓面，单手依次击打四个鼓面，双人相互对击。除了传统鼓舞中常见的敲击手法，弹、挑、扎是背鼓子舞区别于其他鼓舞的独特之处。

弹击：鼓槌在击打鼓面的一瞬间顺势弹起后跟随手臂向外伸出，强调弹力十足，借力延长肢体和手臂。挑击：鼓槌在击打鼓面后，手腕反转，鼓槌随着手臂甩出的方向顺势挑起，强调手腕翻转的力度，上挑姿态明显。扎击：双手慢慢甩开，快速收回，一手扎向位于肩头的鼓面，一手扎向位于腹部的鼓面，之后，双手并拢，鼓槌同时扎向一个鼓面。强调肩部疾甩带动鼓槌扎击鼓面，无论上打下打、左打右打、单打双打、缠头涮腰打，还是敲击、扎击、挑击、弹击，始终遵循一个原则，那就是表演者击鼓迅速准确，狠而不蛮，活而不乱，重而不死，劲猛中不失细腻。如果说成人鼓舞是金鼓齐鸣、壮阔雄浑的阳刚之美，那么，以少儿为表演主体的白银背鼓子舞则是人鼓交融、奔腾激越的灵动之美。它体现在动作的勇猛刚劲和节奏的快速多变，冲劲十足、跌宕起伏、震撼人心。

鼓舞中华

激越是人们在表演中群体精神的升华，表演者挥动鼓槌、翻飞彩绸、击鼓狂舞，整个表演像龙腾虎跃，声势逼人，振奋人心，极富感染力。展露出表演者的精神、舞姿动态的神韵和技艺的出神入化，既显示群体精神，又突出了个性之美。

白银背鼓子舞之所以受到人们的喜爱，不仅是由于鼓技娴熟、花样翻新，亦在于能够用简洁的结构、奔放的表演以及劲猛的舞姿，表达喜悦、欢快的情绪，着力于一种情感的纯粹抒发。观看白银背鼓子舞，犹如整体不停震动、跳跃、旋转的冲击波，从舞台上径直冲撞到观众的眼中，将作品在节奏上的变化、情绪上的变化和速度上的变化，通过表演，完美统一地展现给观众，给予观众极强的心灵撞击和流畅质朴的艺术享受。

基诺大鼓舞

发展概况

基诺大鼓舞，是基诺族最具民族特色的舞蹈，在当地群众中有着广泛的影响，主要流传于云南省西双版纳傣族自治州景洪市基诺族乡的基诺族村寨。

基诺族人民世世代代跳大鼓舞，据传，基诺族跳大鼓舞是为了感谢传说中用大鼓拯救了基诺人的创世女神

"阿嫫腰白"，为纪念阿嫫腰白，便将大鼓作为神圣之物，供在"卓巴"（寨老）家中。大鼓，是基诺族的礼器、重器和神物，只能挂在"卓巴"家的神柱上，制造大鼓也要遵循很严格的程序。大鼓，又称太阳鼓，即"塞吐"，

太阳鼓

"塞"泛指较大的神灵，基诺族人民把对神灵、祖先、生殖等的崇拜，都集中表现在对大鼓的崇拜上，他们视之为本民族的根谱，并以歌、舞、节庆、祭仪等形式，加以崇拜和纪念，起着民族历史课课堂和教材的作用。基诺族因历史变迁，只有语言没有文字，但能歌善舞的他们，心中都有一本社会生产、生活需要的百科知识全书，智慧的他们，把历史文化用舞蹈与歌曲传承下去。最初，由老年人跳，后来演变为青年人跳，舞蹈表演时，男舞者头缠5米长蓝色包头巾，穿白布开襟短衣，白布扭裆裤，赤脚。女舞者头戴白布三角帽，穿黑色或蓝色无领开襟短衣、菱形围兜、白色条纹短裙，小腿系裹腿布，赤脚或穿

鼓舞中华

🍶 基诺大鼓舞

布鞋。巫师头戴"五丫"帽，穿黑色布衣和扭裆裤，系镶红边前开衩的白色长围腰，赤脚。

　　基诺族村寨过节的形式比较多样，有的村寨仍保留着"抢"鼓的习俗，大家都去抢那面能带来好运的鼓，但"抢"鼓的过程中要动脑筋，非常有趣。在一些寨子里，每逢"特懋克"节，大家自发聚在一起唱着歌，然后挨家挨户地跳舞，在家留守的主人，则会准备好酒菜招待舞者。传统跳大鼓舞的时间，一年只有两次，一是在"特懋克"节上，再就是"尼叭腊"祭祀活动上。"特懋克"节的时间是在立春后的第三天，跳大鼓舞有一套完整的仪式：舞蹈开始时，人们在主祭人家搭一个临时祭台，中间放置蒙着布、画有彩虹及洪水传说的大鼓，在大鼓下面再摆放一面大鼓，由村寨权威人士"卓巴"手持祭品、口念祭词，祈祷大鼓给人们带来吉祥平安，同时，将葫芦瓢里的大米撒向大鼓，把两片槟榔叶搭在鼓架上，之后敲响大鼓，人们踩着鼓点载歌载舞。

艺术特征

基诺大鼓的击鼓动作并不多，大鼓的功能是以鼓点为舞蹈、歌唱伴奏，歌词多为基诺人的历史、道德和生活习惯等内容，舞蹈动作很有特点，有"拜神灵""欢乐

🥁 基诺大鼓舞

跳""过年调"等。舞蹈动作柔中带刚，具有粗犷、沉稳的风格，体现了基诺族人民的性格与气质。太阳鼓，在基诺族人的心中为神灵的化身和村寨的象征，祭祀太阳鼓，跳起欢快的鼓舞，其目的是祈盼全寨人丁兴旺、五谷丰登。

洛川蹩鼓舞

发展概况

洛川蹩鼓，主要流传于陕西省洛川县永乡、旧县等地，为延安三鼓（胸鼓、腰鼓、蹩鼓）之一，陕西方言称蹦跳为"蹩"，此舞以蹦跳为特征，故称"蹩鼓"。表演时，鼓手腹前挎一个直径约50厘米的扁圆鼓。洛川蹩鼓的最大特点是在蹦跳中完成各种舞蹈动作。

蹩鼓表演中，在两个头戴瓜皮帽、身穿蓝布长袍，左手持蓝布伞，右手持一"蝇甩"的伞头率领下，八名鼓手、六名镲手、四名锣手组成蹩鼓队（也有的按鼓四、镲四、锣四组成）。锣手一般由15岁左右的少年担任，跟在队尾表演，他们头扎英雄巾，身穿对襟彩服，腰系战裙，绑裹腿，后背扎靠旗，均按传统戏曲中的武将打扮。有的蹩鼓队后会跟随着由男女青年组成的秧歌队，俗称"装身子"，以烘托蹩鼓表演的气氛。

蹩鼓表演，分为场地鼓和过街鼓两种，场地鼓又称"小场鼓"，在综合性民间舞队中与秧歌、狮子、旱船等各种社火同场表演。每到一处，先进行场地表演（类似陕北秧歌的"踩大场"）。结束后，伞头在场中轮流唱拜年秧歌，唱词多为即兴编创的拜年问好、祝愿贺喜等民间传统曲调，这个过程俗称"唱秧歌"。唱至高潮时，伞头一人领，群众放声和，气氛更为活跃。长曲子唱完后，各种小节目依次表演，最后由蹩鼓队进场表演，当地又称"蹩鼓秧歌"。表演时，两个伞头率鼓队进场绕场一周后便站在场边，由两个镲手率众表演。舞蹈的套路有鼓对鼓、镲对镲、锣对锣，常用的队形有"白马分鬃""蝎子拧尾""十字对打""四进四出"等。舞至高潮，伞头伺机进入场中，将舞队引出场外，小场鼓表演即结束。过

🥁 洛川蹩鼓舞

街鼓，即行进间表演，舞队排成两行，由两个伞头率队前行，舞者均跳"十字行进步"，并连续地左右转身扭腰，边击鼓边前进。基本队形以秧歌的"单过街"和"双过街"为主。

艺术特征

洛川蹩鼓舞

蹩鼓舞，必须有打击乐伴奏，当舞者敲击鼓、锣、镲起舞时，其基本动作有单跳、双跳、蹉步、拧摆等。单跳稳健潇洒、大起大落，身姿灵活自如；双跳双脚同时起跳下落，上身后仰，动作粗犷豪放；蹉步刚健有力，拧摆轻盈柔美。队形主要有"白马分鬃""蝎子拧尾""单骑扑阵""四壁合围""品字组合"等。表演者在舞、蹦、跳中做出各种造型，在锣鼓齐鸣中左冲右扑，拼杀搏斗，如临战阵，动作粗犷豪放，富有力感。

黄泥鼓舞

发展概况

黄泥鼓舞，流行于广西金秀瑶族自治县、广东连南瑶族自治县等地。顾名思义，黄泥鼓，因演奏时鼓面涂以黄泥而得名，还有称之为铳鼓、长鼓、长腰鼓、长篌等。瑶语称"尼王瓮"，属于拍击膜鸣乐器。黄泥鼓属于长鼓中的一种，是居住在大瑶山上的瑶族人民喜爱的民间乐器，打长鼓、庆丰收、祭祖先是瑶族人民的传统习俗。这种鼓，最特别的是要用大瑶山特有的黄泥浆来糊鼓面，才能定准鼓音。由于鼓面湿润，增加了厚度，敲打起来发出双连鸣音，特别洪亮、动听，声音传至数里之外。黄泥鼓两端粗、中间细，鼓身绘有鸟兽、花卉等各种美丽的图案，在两端和中间系着8个小铜铃，舞动时叮当作响。黄泥鼓有公鼓、母鼓之分。黄泥鼓的演奏常与舞蹈相结合，多为边击边舞，故民间称之为黄泥鼓舞。

跳黄泥鼓舞，是瑶族在传统的"还盘王愿"仪式时跳的祭祀舞蹈，舞蹈中，以母鼓为轴心，公鼓围着母鼓绕圈，母鼓的鼓点最重要，掌握着整个舞蹈的节奏。公鼓应和母鼓的鼓点敲击，在跳黄泥鼓舞的过程中，还加入了唱盘王歌的内容，由一歌师带领身着节日盛装的少女，在吹奏木叶的几个妇女的陪伴下，边唱边绕着舞队缓步而行。歌曲内容为反映祖先来历和劳动生活的情景。

黄泥鼓舞有双人舞、四人舞和集体舞等多种形式，舞者都要盛装打扮、配合默契，其中，可以用一个母鼓搭配四个公鼓，组成舞群，母鼓在舞群的中央，负责指挥和掌握舞蹈的整体节奏，由村寨里的老鼓手将鼓斜挎于胸前，用双手拍击，舞姿悠然自得、柔中有刚。公鼓和着母鼓的鼓点，由鼓手竖着拿在手中，用左手敲击，舞姿矫健洒脱、热情奔放。几位盛装打扮的漂亮姑娘，手持花巾，踏着鼓点，边歌边舞，整个舞群队列多变、配合默契、动作协调。演奏时，公鼓、母鼓的持法、奏法各有不同。母鼓

● 黄泥鼓舞

● 黄泥鼓舞

系带横挂于腹前，双手分别拍击两端鼓面；公鼓，由鼓手左手持握鼓腰，举于胸前，并上下、左右舞动，右手交替拍击两端鼓面。

艺术特征

黄泥鼓无固定音高，参加组队合奏的鼓，均需用湿黄泥粘涂鼓面，使其音高一致、音色铿锵明亮，黄泥鼓既是歌舞的伴奏乐器，又是舞蹈的道具。

黄泥鼓舞舞蹈动作的特点是屈、蹲、跳、转。公鼓的舞蹈动作粗犷，跳跃转身幅度较大，母鼓的舞蹈动作稳健。公鼓鼓手与母鼓鼓手在对跳时，围成圆圈拍、蹲、跳、转。黄泥鼓舞通常以母鼓为轴心，母鼓指挥和掌控着舞蹈的整体节奏，因此，打母鼓的常常是寨子里的老

鼓舞中华

鼓手，而四个公鼓鼓手则围成外圆，以母鼓鼓点敲击。人们认为，必须同时演奏公、母黄泥鼓，才能达到祈求神灵保佑民族繁荣和昌盛的目的。这种公、母鼓同舞的形式，与原始先民的所谓生殖崇拜有着异曲同工的意义，虽然后来的黄泥鼓舞已没有生殖崇拜的目的和心态，但依然体现着瑶族古老的原初文化内涵。

宜川胸鼓舞

发展概况

宜川胸鼓舞，主要流传于陕西省的宜川、洛川和定边一带，是将类似腰鼓形状的鼓，挂在胸前敲击的一种鼓舞形式，经由古代战争中，人们擂鼓助战、传递信号、击鼓庆捷的形式演变而来。它历史悠久，据记载，宋代以后，就在宜川及黄河沿岸地区逐渐盛行，具有明快活泼、诙谐风趣的艺术特色。宜川胸鼓舞的乐器伴奏，以打击乐为主，并配有小唢呐以烘托情绪和气氛，打击乐器以苏锣为主，并配以苏镲、手锣、小镲等，伴奏乐器声和鼓声融合在一起，气氛热烈，扣人心弦。

宜川胸鼓舞表演时，男女鼓手各半，配备有打击乐队，表演时，鼓手穿不同的短服，男子头扎英雄巾，前额插五彩纸蝶，佩带武士缨，胸前扎红绸英雄结，身背英雄花，腰系彩绸。小腿扎裹缠，脚穿登云鞋，看起来英俊威武，洒脱不俗。男子胸前斜挂小鼓，鼓身套花毛巾，左手握木制鼓槌，右手持牛皮软鞭，轮换击鼓起舞。女子有的手持霸王鞭，有的

宜川胸鼓舞

手握彩扇，有的手击小锣、小镲伴舞。舞步运用秧歌步、跑跳步进行队形变化。主要阵形有"双龙摆尾""金蛇摆阵""雪花飘飘""葵花向阳""四柱撑角""荷花怒放"等。击鼓动作主要有左右箭步、上打下打、平打对打等，打起鼓来，鼓点花而不乱、清脆有力，节奏对比强烈，舞姿优美流畅。整体表演气势磅礴，绚丽多彩，雅俗共赏，具有浓郁的生活气息和强烈的艺术感染力。胸鼓多在新春佳节或农闲时表演，表演形式分过路鼓、场地鼓两种。表演时人数不限，有一人单打、双人对打或集体群

鼓舞中华

● 宜川胸鼓舞

打等，以丰富的舞蹈队形变化，烘托表演的热烈气氛。
表演时，鼓手身着武士服，生机勃勃地进行男子单打、
双人对打，展现了娴熟高超的技艺。过路鼓在行进中表
演，届时，彩旗招展，锣鼓齐鸣，以胸鼓为主的社火舞
队，在各村镇的街头巷尾边舞边行进。鼓手兴高采烈地变
换着队形，如"双交叉""双龙摆尾"等。舞蹈动作也变
化无穷，有"前进鼓""甩鞭鼓""前弓后箭鼓"等。场
地鼓的表演，主要是突出舞蹈技巧和丰富的队形变化，常
用的动作有"二起脚""软腰""二人对鼓""缠腰踢
腿"等。技艺高超者可在板凳上表演，甚至还可以在两人

抬的扁担上表演高难度动作，还有的能躺在地上，表演下后腰、翻前桥等绝活。

艺术特征

宜川胸鼓舞的主要特点是：鼓点花而不乱，动作小巧，衔接变换流畅，节奏起伏对比强烈。能做到刚柔并济、声情并茂、鼓声清脆、欢快活泼，给观众留下深刻的印象。鼓手表演风趣幽默，"双手击鼓稳、准、狠，颤步摆头眼传神"，复杂的节奏和律动变化，形成了自己独特的运动规律，并强调舞蹈的节奏性和造型美。舞蹈姿态力求舒展大方，更重要的是鼓手在击鼓过程中，重视情绪和神韵的表现，不仅要求手、眼、身、法、步的紧密配合，还要注意击鼓节奏与舞蹈变化的配合一致。特别是有些艺人打至高潮时，情不自禁地摆头、抖肩，使表演更具有情绪的夸张和感染力。陕北多鼓舞，作为其中之一的宜川胸鼓舞，以刚劲矫捷、潇洒爽朗、节奏明快、清脆奔放的风格独树一帜，具有很高的艺术价值，令人叫绝的是，有的艺人不仅胸前挂鼓，而且可以头上顶鼓，左右肩上扛鼓，大腿、小腿上都能挂鼓，也就是说，一人可挂五六面鼓，双手交替击打，鼓点有时如同急风骤雨，有时如同鞭炮齐鸣，飞舞的鼓槌令人眼花缭乱，清脆的鼓声令人心潮激荡，精湛的技艺，显示了胸鼓表演的独特神韵和技巧性。同时，作为民间文化艺术形式，对丰富人民群众的精神文化生活，推进精神文明建设，具有不可替代的作用。

木鼓舞

发展概况

云贵高原属亚热带湿润区，森林茂密，树种繁多，取材制鼓方便，因此，当地民族多选优质原木制作鼓，此类木鼓，各少数民族又有本民族语言的称谓，泛称"木鼓"，也有"大鼓"或"皮鼓"等叫法。木鼓的形制可分为两种，一种是用整段原木挖制成鼓，如佤族的木鼓，佤语称作"布络"。另一种是把整段原木挖空作鼓膛，两端或一端蒙以牛、羊皮制成木鼓。双面的木鼓，苗族称作"略斗"，用楠木挖制；侗族称作"工"，用原木挖制；基诺族称作"塞吐"，用红毛树干挖制；而景颇族的"赠疆"，则用

木鼓

长约3米的巨大树木挖制；瑶族的双面鼓，因用于跳猴鼓舞，而叫作"猴鼓"；壮族的单面大鼓叫作"种劳"，用杉木板拼制鼓膛，蒙以牛皮。各民族的木鼓舞，鼓的造型、所用原木与制作方法、所敲击的鼓点与音色各不同，从而形成木鼓舞的多种风韵，其中，佤族与苗族的木鼓舞最具特色。

艺术特征

佤族木鼓舞。佤族有悠久的历史，其先民早在西汉时，已居住在云南山区，但由于生产力低下，直到20世纪50年代初，许多地方仍从事刀耕火种式的粗放农业，人们崇信鬼神、万物有灵的观念极重，他们把木鼓看作神器，鼓在他们的生活中具有多种功能，因此，制造木鼓与跳木鼓舞是村寨中的重大事件，全村男女老少都要参加。从进山选树、伐木、拉运下山、村头制鼓，直至迎接木鼓送放到木鼓房等，都有严格的仪程，在巫师的主持下进行，人们和着巫师的唱诵，一起唱歌起舞，是最为原始的木鼓舞形式。

佤族木鼓用长约160厘米的红毛树或椿树整段原木制成，其形状像放倒的一段树干，制作时，先刨出长约110厘米，宽10厘米的细槽，挖空木心后再制成木鼓。木鼓又有公、母之分，母鼓大，公鼓小，反映了母系社会妇女

🥁 佤族木鼓舞

占主导地位的遗风。过去，木鼓供放于木鼓房，平时不能
随意敲打，只有重大节日、宗教活动、部落间械斗、获取
猎物归来，以及传达重要信息时，才敲击木鼓，庆贺或示
意某种活动，同时跳起相应的木鼓舞。比如，把木鼓拉到
木鼓房前跳"木鼓房舞"，首次敲打新鼓时，跳"敲木
鼓舞"，获得猎物归来祭木鼓时，和着鼓点跳"迎头"
（虎、豹、熊头）、"舞砍刀"、"供头"、"送头"

（送至村外固定存放处）等各种不同内容与气氛的舞蹈。

苗族木鼓舞。苗族的族源可追溯到远古的"三苗"，他们一直没有本民族的文字，因此，民间文学、民间文艺、各种民俗活动，成为他们进行民族文化传承的重要方式。在长期的乐舞活动中，逐渐形成用铜鼓、木鼓敲打出的鼓点、芦笙吹奏出的旋律传递信息，使之具有"鼓语""芦笙语"的功能，在木鼓舞、芦笙舞中保存有诸多有待发掘的文化遗产。苗族木鼓长120—200厘米，鼓面直径40—50厘米，两端蒙以牛皮，用竹篾箍紧而

🔴 苗族木鼓舞

成。演奏时，平置于高约140厘米的鼓梁上，由一人（或两人）执双槌，分别敲击鼓面和鼓帮，这种高低不同、音色各异的皮革之音、原木之音，交织成和谐神秘的音响，给人带来无限遐想的空间。在鼓乐声中，从男女一同欢舞的盛况，祈年庆丰的活动中，可以看到在古俗的延伸中，木鼓舞的历史之久远。

鼓舞中华

清水轩辕鼓舞

发展概况

《甘肃通志》记载："轩辕谷隘，清水县东七十里，黄帝诞此"。历史学著名学者何光岳先生十分明确地指出，清水县是黄帝轩辕氏的诞生地。我国著名史学家范文澜先生在《中国通史简编》中说："轩辕黄帝诞生于甘肃清水"。清水县境内的轩辕谷、轩辕溪、轩辕窑、三皇沟等文化遗迹，与史料记载相印证，在这里，齐家文化、先秦文化、汉唐文化、宋金文化积淀丰厚。

在清水当地，早就有关于轩辕鼓的传说，近年来又创编了具有大型广场舞蹈特点的清水轩辕鼓舞。新编的轩辕鼓舞，由大、中、小三种形制的鼓组成，大鼓的鼓框着大红色，上绘富有立体感的金黄色二龙戏珠图，鼓面边缘涂上古铜色，突出历史的厚重感。表演时大鼓既可横置亦可竖立。男鼓手所挎的战鼓，是当地民间常用的小型战鼓，女鼓手所持的小手鼓，鼓面绘有青龙图形，这是取自汉长城遗址出土的汉代瓦当四灵（神）之一，这幅青龙图，整体呈侧面像，四足明显，首尾相连。在鼓面上重点突出了图腾崇拜的元素。

清水轩辕鼓舞阵容庞大，气势恢宏，由136人组成，

🥁 清水轩辕鼓舞

以三面大鼓和64名女鼓手为主，以20面小战鼓、12面镲、4面大锣、24杆轩辕彩旗为衬托，3面大鼓和大、中、小三种鼓型，表现轩辕黄帝"观天""理地""治民"，天、地、人三者和谐生存、永恒发展的精神追求，同时也是对《黄帝内经》关于"天有三宝：日、月、星；地有三宝：水、火、风；人有三宝：精、气、神"的理论精髓的暗合。4面大锣，寄托着人类祈求四季平安；12面镲，祝福人们在一年的12个月中风调雨顺的良好愿望；24杆轩辕彩旗，展示着轩辕黄帝探索农时二十四节气，指导农业生产，创造农业文明，造福人类苍生的不朽功勋；64面鼓，

鼓舞中华

是先天八卦演绎规律的隐喻，昭示着轩辕黄帝带领远古先民们认识大千世界，寻求万物规律，把握人类命运的聪明才智，再现黄帝时代的非凡创造力，这种不同鼓型的组合在众多的鼓舞中独具风格。

艺术特征

轩辕鼓舞的表演由"黄帝开国图""先民生存谱""万邦和睦赞"三部分组成，采用了清水地区世代流传的鼓点韵律和舞蹈语言，通过豪迈奔放、简洁明快的艺术表演，阐述轩辕文化敢于斗争、敢于创造、自强不息的精神内涵，是清水人民对轩辕黄帝出生清水轩辕谷，兴起于清水轩辕溪，创造人类福祉的深情缅怀和崇高礼赞。

开篇部分。战旌猎猎，在隆隆的战鼓声和呐喊声中，男鼓手悬挂小战鼓，女鼓手持小手鼓成排从后场中间分两队奔涌而出，构成"二龙出水"的表演阵形，旋即形成

🥁 清水轩辕鼓舞

🔴 清水轩辕鼓舞

"威武出征""搏击风云""万众归心"等阵型。男鼓手相继做出"顶天立地""玄空飞星""披荆斩棘"等动作，再现了轩辕修德振兵，战蚩尤，一统华夏的壮丽情景："蚩尤作乱，不用帝命，于是黄帝乃征师诸侯，与蚩尤战于涿鹿之野，遂擒杀蚩尤。而诸侯咸尊轩辕为天子，代神农氏，是为黄帝，天下有不顺者，黄帝从而征之"。

主题部分。女鼓手不断变换着"金凤起舞""追风步云""四季平安""赐福送瑞"等复杂阵形，以欢快流畅的舞姿，表现先民狩猎捕鱼、田间耕作、扬鞭放牧、养蚕纺织、欢乐歌舞的生活情景。表演队形多以网格状和"田""井""十"字形变换为主，横竖穿插，错落有致。歌颂黄帝时代对农业的伟大贡献。史书记载，黄帝在

鼓舞中华

农业生产方面有许多创造发明，比如实行田亩制。黄帝之前，田无边界，耕作无数，黄帝为防争端，以步丈亩，将全国土地重新划分，划成"井"字，中间一块为"公田"，归政府所有，四周八块为"私田"，由八家合种。黄帝时代，对农田实行耕作制，发明杵臼，开辟园圃，种植果木蔬菜，种桑养蚕，饲养畜禽，进行放牧等。在制造业方面，发明机杼，进行纺织，制作衣裳。表演中敲击小手鼓与大鼓，发出错落有致的鼓声，女鼓手时而播撒五谷，时而纺纱织布，展示先民们自强不息的生存精神。

结尾部分。龙腾凤舞、金鼓齐鸣，全体鼓手迅速组成"普天同庆""天地太极""巨龙腾飞"等阵形，体现黄帝时代万民欢庆、国泰民安的祥和景象。远古太昊伏羲氏、炎帝神农氏、黄帝轩辕氏并称"三皇"（也有称黄帝为五帝之说）。黄帝是上古时期中华古文明的创始人，设官职，举贤能，大治天下，推历数，祭山川鬼神；造弓矢，建房屋，做衣服，兴文字，制乐器，创医药；造舟车，教蚕桑，种五谷，发明指南车等等，均始于黄帝时代，这些都是中华文明的标志。黄帝在位时间很久，国势强盛，政治安定，文化进步，轩辕文化作为中华民族的文明基因，作为华夏初创期的先进文化，千载而下，不仅始终是中华民族历史文化长河的大动脉，而且至今仍然是中

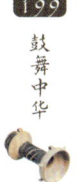

🔴 轩辕黄帝塑像（甘肃清水）

华民族的鲜活血液。轩辕黄帝功盖千秋，轩辕文化源远流长、博大精深。

　　轩辕文化和伏羲文化一样，具有鲜明的人本性、实践性和兼容性，体现着鲜明的创造精神、哲学思维和科学走向，是民族优秀文化的源头，是人类文明的结晶。黄帝的伟大功德结晶成了黄帝精神，那就是创造、奉献、团结。这也是今天中华民族的精神支柱，是中华儿女的传家宝。今天，清水轩辕鼓舞以全新的面容展示在世人的面前，挖掘、整理与展现轩辕文化是中华儿女的共同愿望，这对于弘扬民族优秀传统文化、建设社会主义先进文化、培育民族创造精神、实现中华民族的伟大复兴，有着重大而深远的意义。5000年前，轩辕黄帝在轩辕谷敲响了第一面大鼓，这鼓声惊天动地，震撼山岳，传遍了神州大地，唤起了东方巨龙。今天，这鼓声激励着中华儿女团结向上，和谐共处，实现中华民族的伟大复兴。

鼓舞，在长期的流传过程中，形成了各具地方特色的民间舞蹈，它是人与鼓紧密结合的舞蹈，没有哪一种乐器，能够像鼓这样要求人和乐器的高度和谐，人的表演和乐器的表演完整地糅合在一起，二者相辅相成，相得益彰。所以，成功的鼓舞表演是人借鼓势，鼓借人威，酣畅淋漓，精、气、神一脉贯通，极具艺术感染力。那豪迈壮观、奔放自由的群舞图景，描绘出乡土气十足的生活场景，将我们民族的豪迈情感，宣泄于天地之间。舞蹈艺术是从祭天地、求生存、祷繁衍开始的，鼓与舞的结合开创了舞蹈艺术之先河，也充分表现出中华民族的精气神。

第四章 中国鼓的民间传说与神话故事

中华民族在自己的童年时期，曾创作出美丽、奇伟、丰富的神话传说故事，反映出人类在懵懂时期，对自然界、人类文化等作出的解释。原始社会的生产状态是集体劳动，共同享受，没有剥削，生产力水平极其低下，社会主要矛盾是与大自然的斗争。原始人类经常受到洪水、大旱等自然灾害和野兽猛禽的侵袭，由于知识水平所限，不能认识自然界的种种复杂变化，于是他们把这些变化莫测的现象归之于"神"的意志，对自然力加以幻想和神化，创造出有关日、月、风、云等自然现象的神话及故事。今天看到的神话和传说都反映了这样的内容。中国上古时期的神话思维相当发达，于是在日常的生活和生产劳动中，人们依照自己心中的英雄形象，创造了许多神话故事并口口相传，比如伏羲、女娲兄妹成婚，黄帝与蚩尤大战，神农发明耕种，仓颉造字等。"华夏第一鼓"，就在黄帝与蚩尤大战的神话中诞生了……

散布在中华大地上的各种鼓在流传的过程中，也都有一段优美动听的传说，显示出人们对鼓的喜爱和崇敬之情。

《山海经》的神话传说

《山海经》是我国古代神话资料最多的著作，也最具神话学价值，包括山经和海经，成书于战国到汉初。在这里我们可以寻觅到"天下第一鼓"诞生的记载，它最早起源于黄帝时代。在《山海经·大荒东经》中就有这样一段记述："东海中有流波山，入海七千里。其上有兽，状如牛，苍身而无角，一足，出入水则必风雨，其光如日月，其声如雷，其名曰夔。黄帝得之，以其皮为鼓，橛以雷兽之骨，声闻五百里，以威天下。"相传，在我国远古时期，黄帝、炎帝两族联合同蚩尤九黎族进行过一次大规模的战争，蚩尤率领所属氏族，利用浓雾天气围困黄帝族。

黄帝族率领以熊、罴、狼、豹等为图腾的氏族与之交战，但屡战不胜。东海当中有座流波山，这座山在进入东海七千里的地方，山上有一种野兽，形状像普通的牛，身子是青黑色的，却没有犄角，仅有一只蹄子，出入海水时就一定有大风大雨相伴随，它发出的亮光如同太阳和月亮，它吼叫的声音如同雷响，名叫"夔"。黄帝得到它，便用它的皮蒙鼓，再拿雷兽的骨头敲打这鼓，响声传到五百里以外，用来威震天下。夔，是独脚如龙的怪兽，雷兽即雷神，用这种兽之皮、骨，制成革鼓与鼓槌，其声音和威力自然是无可比拟的。黄帝又得到玄女族帮助，吹号角，击夔鼓，乘蚩尤族被迷惑、震慑之际，冲破迷雾重围，击败蚩尤，将其擒杀。取得战争胜利的部落，共同推举黄帝为联盟首领，从此，黄帝就成为华夏族共同的祖先。由此可见，黄帝最早将鼓运用到了战争中，这人、神、兽三者不分的神话时代，关于鼓的传说，加深了鼓在农耕民族心目中的神秘色彩。

常先造鼓的传说

神话毕竟不是现实，那么，黄帝所使用的夔鼓是如何制造出来的？也就是说，这千百年来的中华第一面鼓，究竟是怎样发明的呢？这里还有一个很有趣的关于"常先制

鼓"的传说。黄帝身边有个大臣，名叫常先，他发明了很多狩猎工具。黄帝非常喜欢打猎，一日打得一头野牛，命常先负责剥皮分肉。正好，驯马场有个拴马的树桩，有一抱大，常先就把野牛皮搭在上面晾晒，之后便忘了收拾。时间一长，野牛皮经风吹日晒，皮板收缩，紧紧裹在树桩上。经历刮风下雨，皮毛自然脱落，成了鼓鼓的皮板。当时有个驯马手叫王亥，专门为黄帝驯养马匹，他驯养的战马，匹匹如浪里蛟龙。据说，黄帝骑的马，是王亥驯养最好的一匹，起名"蛟龙驹"，能飞越山涧，腾云驾雾。一天，有个叫贾齐的人，似乎听见有人敲打器物的声音，非常好听，他顺着声音的方向寻找，结果看见两只飞禽在树桩上裹着的野牛皮上啄食东西，发出咚咚的声音，贾齐觉得好奇，就用手去拍打，结果发出的声音更加清脆响亮，随即，他又拿了根木棒去擂，这一擂如雷贯耳，响声大得惊人，惊跑了王亥驯养的马匹，王亥急了，就揪着贾齐打了起来，这时黄帝走了过来，他俩争着请黄帝评理。黄帝说："你俩先别争，既然是敲打牛皮惊跑了马匹，待我试敲一下，看有多大的声音。"黄帝走到树桩前，贾齐忙将擂牛皮的木棒递过去，黄帝挽起衣袖，右手高举木棒，使劲一擂，声音如惊雷响彻天空，久久不息，黄帝又擂了一下，说也奇怪，惊散的马匹又都跑了回来，黄帝非常高兴，不但没责怪贾齐，还给他记了一功。黄帝当即详细研究了这一现象，命令常先、贾齐负责制作。常先叫贾齐赶快帮他把木桩倒过来，一看原来里面是空的，他用手拍了拍，同样发出咚咚的响声。常先又找来一张大鹿皮，把木墩的另一头也蒙住，再用木棒一敲，响声比原来更大、更好听。他选择了一棵木质较好的树，把里边掏空，做成圆形，然后把鹿皮和野羊皮蒙在两头，用一只手就可以拿动。他们又让仓颉给它起了个名字，叫作"鼓"。哪知，鹿皮和野羊皮都不结实，用力一敲就打破了，只好改用野牛皮。然而，捕捉野牛并不是一件轻而易举的事，因为野牛凶猛异常。怎样才能搞到野牛皮呢？常先躺在一棵大树下，想了又想。不知不觉便睡着了。

就在这时，玉皇大帝派九天玄女给黄帝送来兵书，路过这棵大树时，发现常先正在树底下睡觉。再一看，知道他原来是为蒙鼓没有合适的皮子而发愁，她本想叫醒常先，但一想自己不能随便和凡人说话，只好托梦给常先，说东海有个流坡山，山里有种怪兽，形状如牛，却没有长角，只有一只足，身子大得出奇，平时不太活动，但一出现，大海上不是刮风便是下雨，它两只眼睛射出的光芒，就像太阳和月亮一样，它一怒吼，声音比雷声还大，这种怪兽名叫夔牛。雷泽有一种雷兽，它整天在海里无忧无虑，喜欢仰面躺着，以爪击腹为乐，而每拍一下肚皮，就响起一声惊雷。九天玄女还说："用夔牛皮蒙鼓，用雷兽的骨做鼓槌，一敲起来，地动山摇，威力无穷。"

常先醒后忙把梦里的事告知黄帝，黄帝当时正为无法战胜蚩尤而发愁呢，听罢常先的叙述，立刻命令应龙、大鸿派几个会水的能手入海捉拿怪兽。不几天就将夔牛和雷兽捉拿回来，然后按常先的设计，50天就蒙制夔鼓80面，做出雷兽鼓槌160根。黄帝亲自敲打，声震九霄。当时的九黎族首领蚩尤强悍凶猛，经常侵扰其他部落。黄帝与炎帝结成联盟，与蚩尤在涿鹿决战，战斗非常激烈，正当杀得难解难分之时，蚩尤施展魔法，从鼻孔里喷出一团浓雾，刹那间天昏地暗，狂风大作，雷电交加，整整持续了三天三夜。黄帝的部队迷失了方向，战不能战，退不能退。黄帝立刻命令制作指南车，制造出的指南车上有一个铁铸的小人，右手直指南方，说也奇怪，指南车推进交战阵地，雾时朝南照亮一条通道，士兵随指南车冲出重围。传说，在涿鹿大战开始前，黄帝就已把80面夔牛大鼓埋伏在暗处，当蚩尤的军队冲向黄帝军队的前沿阵地时，黄帝把手一挥，80面大鼓一齐擂响，震得地动山摇。蚩尤的兵马听到鼓声，个个失魂丧胆，被鼓的声音震得人仰马翻，耳聋眼花，一个个东倒西歪，溃不成军。黄帝的军队一鼓作气，发起总攻，战胜了九黎族，一举把蚩尤消灭在涿鹿之野，终获大胜。从此，鼓便成为中华民族震撼国威、鼓舞士气、威震敌胆、助战助威必不可少的精神武器。因为鼓是黄帝发明的，后人都称之"轩辕鼓"，天下第一鼓，也是黄帝与蚩尤大战时留下来的。从此，鼓就成为我国古代战争中不可缺少的用具，人们就把它叫作"战鼓"。后来，鼓进入了人类活动的各个重要领域，成为吉祥物。凡民间祭祀、节日庆典，都离不开鼓。

从这个传说中我们可以看到，远在黄帝时代，人们已经开始使用木质框的鼓了，由陶土制作的土鼓过渡到木鼓（革鼓），应该说，是鼓在发展中的重大进步，使鼓更具实用性。

威风锣鼓的传说

关于威风锣鼓的民间传说，渲染着神话色彩，与尧将首领之位禅让给舜，又把娥皇、女英两个女儿嫁给舜有关。尧曾住在洪洞羊獬村，舜住在神里村（另一说是在万安村），每年农历三月初三，羊獬村组织威严的仪仗和锣鼓队，去神里村迎接姑娘回娘家，四月初八又送她回婆家。由于是仪仗锣鼓迎送，威风无比，所以称作"威风锣鼓"。锣鼓的套路有三番，即"尧王游康衢""华封三

鼓舞中华

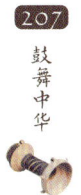

祝""万民颂尧王",都是纪念和赞颂尧王的宏恩大德。民间有关尧舜禅让的说法,虽无法考证,却表明了群众对太平盛世、丰衣足食的向往,及对关心群众疾苦的清官之期盼。

兰州太平鼓的传说

明朝初年,朱元璋令徐达等西征,攻取今甘肃庆阳和临洮后,将兰州城也攻下,唯有黄河北王保保城有元军坚守,久攻不下。适逢元宵佳节,徐达设计,命将士装扮成社火队,将兵器藏于鼓中混入城中,随着一声炮响,城内外将士里应外合击败元军,拿下城池。为了庆祝胜利不再起战事,愿天下太平,即将此鼓取名为"太平鼓"。由于此事发生在正月,人们就约定俗成,之后在春节期间社火表演中,太平鼓是不可或缺的表演项目,成为人们渴望和平、向往天下太平的情感表达方式。

藏族巴郎鼓的传说

在甘肃卓尼流传着一个神奇而美丽的传说,相传很久以前,这里连年大旱,颗粒无收,乡亲们只得杀牛宰羊,祭祀至尊的山神,祈求神灵降下甘露,拯救苍生。当乡亲们虔诚地跪伏在山神"拉卜载"前苦苦祈祷时,山中隐隐传出一阵鼓乐相伴的歌声,优美动听。乡亲们默默地记下了曲调和鼓点，回去后，便制作了一种鼓，鼓面直径约30厘米、带长把，是能摇动发响的双面羊皮鼓，两边各垂吊有打结的绳索，取名叫"巴郎鼓"（也叫"巴东鼓"）。随后，乡亲们在寨子中心的场地上点燃篝火，即兴跳唱起来，将祈求神灵的心愿用歌声表达出来，他们至诚的举动感动了神灵，天上降下了甘露。之后，便把这种以巴郎鼓为主要道具的舞蹈叫莎姆舞。从此，每年正月，这里的老百姓都要跳莎姆舞，以祈祷来年风调雨顺、五谷丰登、人畜平安。

羊皮鼓的传说

在甘肃省天水市武山县、甘谷县一带流行打旋鼓。据说，旋鼓是由羌族的牧羊人发明的。在很久以前，有一个牧童，常年在外放羊，出没于人烟稀少的荒郊野岭之中，恶狼常常把羊叼走，饱受恶狼之害的牧童，机智勇敢地与狼展开了周旋和搏斗。他观察到每年四月前后是狼产崽的时节，便在高山顶上点燃火堆，打起自制的羊皮鼓，围着火堆旋转起舞，火光照亮山川，鼓声响彻云霄，以此恐吓恶狼，震死狼崽。对于狼的生活习性，当地还流传着这样的谚语："正月正，窝里蹲。二月二，狼儿子。三月三，领下山。四月四，领到羊窝里试一试。五月五，死断火。"这里的"死断火",是指狼崽被旋鼓的鼓声震吓而死,或者是得天花而毙命。从此,只要一听到鼓声和见到火光,狼就不敢再来侵扰。由于最初是在山顶上点燃堆积如山的柴火,大家围着火堆敲起旋鼓,翩翩起舞,因而民间又称之为"点高山"或"迎高山"。

"牧羊人发明说"在民间广为流传,因而每年农历二月二以后,山区的牧童就开始零星敲鼓,自打自乐,四月初就相约练习旋鼓套路,鼓队相约出村对打,从起鼓,至五月端阳节旋鼓达到高潮,再到收鼓,持续几个月。这一习俗在当地相沿千百年,久传不衰。这里曾经生活着勤劳智慧的羌民族,羌族是我国民族大家庭中古老而优秀的民族之一,最早进入农牧兼营的生产方式时代,并且擅长养羊。从语言学角度而言,羌族的"羌"是属他称,"羌"字从羊、从人,意为"西戎牧羊人",历史上是以养羊著称于世的民族,故羌族与羊的关系极为密切。在羌族聚居地,至今仍保留着供奉羊神的习俗,羌族人称羊神为"卡掐",是村民家中供奉的十二家神中的一个,他们认为,六畜的平安兴旺,均由羊神掌管。由于羌族人对羊有极强的崇拜心理,因而羌族人发明以羊皮为材质的旋鼓,也在情理之中,在四川省阿坝藏族羌族自治州,至今仍有打羊皮鼓的传统。

常山战鼓的传说

河北正定，古称真定，位于太行山东麓，每逢农历五月十七日城隍生日这一天，此地的老百姓都要举行隆重的祭城隍仪式，祈求太平和安宁。一百面战鼓排成壮观的阵势，再现当年战场的雄姿，常山战鼓表演成为祭祀活动的主角，那么，祭祀城隍为什么要用战鼓呢？

1399年的一个夜晚，月明星稀，明王朝燕王朱棣的五千先头部队，无声无息地潜至真定城下，当时，朱元璋刚死，燕王朱棣起兵南下，与建文帝争夺天下，历史上称为"靖难之变"，这里又成为这次事变厮杀最惨烈的战场。瓮城易守难攻，偷袭真定是他们蓄谋已久的计划，两千名士兵进入瓮城，四周静得出奇，仿佛是一座空城。先锋官不由勒紧了马缰绳，向城墙上观望，就听半空中传来惊雷一样的一声炮响，紧接着滚木、雷石倾泻而下，把城门堵死，一万名弓弩手从城墙垛子后面，同时探出头来，瞬时万箭齐发，预先埋在壕沟里的石油也熊熊燃烧起来。城头又突然响起了一阵撼人心魄的战鼓声，这是预先操练好的战鼓队。守城主将亲自击鼓，鼓声一阵紧似一阵，穿透长空，既鼓舞了守城的将士，又搅得燕军心惊胆战，阵脚大乱，一拨又一拨刀斧手冲出来厮杀，燕军被动挨打，

鼓舞中华

自相践踏，两千铁骑一个也没跑出去。而城外的援军，也被埋伏在四周的守军分割成好几股，自顾不暇，被冲击得七零八落。主力部队被迫后退四十公里，休战一个月。燕王朱棣自远征以来，遭遇前所未有之重创，战事十分惨烈，历史上称为"真定之屠"。而常山战鼓以排山倒海的气势，在守城之战中立下了奇功，从此声名远播！

《三国演义》中有一段描写"空城计"吓退司马懿的情节，但流传在常山真定一带的民间传说，以及《赵云别传》中则说"空城计"中唱主角的乃是常山赵子龙将军，他借助将士们击打出一阵阵惊天动地的战鼓声，吓退了司马懿的十万兵马。原来，赵子龙在年少时，就在家乡真定与父老乡亲一起击鼓为乐，他投奔刘备当了将军之后，便把常山战鼓的击鼓之法传授给众军士，好在战场上助威杀敌，以振军威。那一次，司马懿带领十万大军追到城下，见城门大开，以为有埋伏，正当司马懿为攻城而犹豫不决时，赵子龙突然与众军士擂起震耳欲聋的战鼓，这鼓声似翻江倒海，又如惊雷轰顶，吓得司马懿大惊失色，急令退军。而赵子龙又紧接着带领一队人马，在战鼓的助威声中冲杀出来，一口气追杀曹军数十里，使司马懿的十万军卒丢盔弃甲，狼狈而逃。这是名将常山赵子龙的英雄本色，也反映出他运用战鼓击退曹军的智慧。

佤族拉木鼓的传说

拉木鼓是佤族重大的祭祀活动之一。祭祀祖先是全寨子的大事，一般在农历十一月（佤历一月）举行，持续六七天。以前，每个佤族寨子至少有一对木鼓（一公一母）供在木鼓房里，除节日、祭祀和报警外，不许乱动，一般十年左右更换一次木鼓。因此，拉木鼓显得特别隆重和神圣。佤族寨子众多，几乎每年都有寨子拉木鼓。相传，佤族有一位祖先"安木拐"，她知道战胜洪水和野兽的许多办法。有一天，一棵大树倒在她住的岩洞前，这是一棵古老的大树，树心已经空了，敲击时会发出咚咚咚的响亮声音。安木拐白天敲响它，集合人们上山打猎和采集食物，晚上敲响它，领着大家围着篝火唱歌跳舞。那时，人们只能用棍棒、石头跟野兽搏斗，白天，人能打赢野兽，以野兽为食，晚上人打不赢野兽，野兽就吃人，自从安木拐敲响了古木，野兽听到古木声和人的歌舞声，再也不敢来吃人了，人们得以在大山里生存下来。

还有另一个传说，拉木鼓是祭祀"莫伟"神的。佤族认为"莫伟"是人类祖先的化身，他平时住在天上，只有人们敲响木鼓，他才下到人间保护人们，并与人们共享欢

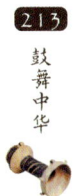

鼓舞中华

乐。因此，佤族视木鼓为通天之物，无论哪一个部落，建寨后的第一件大事，就是拉木鼓祭。

傣族象脚鼓的传说

关于象脚鼓的来历，在傣族流传着一个非常有趣的故事，说的是很久以前，傣族地区年年洪水为患，人们不能安居乐业，后来才知道，是一条蛟龙作孽。大家都恨死了这条蛟龙，有一个勇敢的傣族青年，立志为民除害。他在乡亲们的帮助下，终于杀死了蛟龙。在庆祝胜利的时候，人们为了表示对蛟龙的憎恨、对幸福生活的憧憬，就剥下蛟龙皮，仿照象征吉祥如意的白象的脚，做成了象脚鼓。从此，象脚鼓的咚咚声，响彻傣家村寨，表达出傣族人民的欢乐心情。在傣族人民的心目中，百兽中的大象和百鸟中的孔雀都被视为吉祥的象征，因此，每当象脚鼓敲响之时，男女老幼便模仿孔雀的样子欢快地跳起舞来。

有关象脚鼓的来源，还有一段美丽的传说。很早以前，傣族地区野象成群，有位猎手将一只离群的小象带回家中，经过驯养，人象结成了亲密伙伴。大象能帮助人做各种活计，是勤劳、善良的象征。一天，这位猎手骑大象去打猎，在林中听到风吹空心枯树嗡嗡作响，他便用笋叶蒙住枯树发声的位置，果然弹出了动听的声音。回家后，他便把一段芒果树挖空做起鼓来，做成什么样的鼓呢？这时，在他的脑海里浮现大象稳健的步伐，于是他就仿照大象腿的形状做成了象脚鼓。据说第一次敲响时，百鸟闻声起舞，只见孔雀跳得最欢，傣家人记下了孔雀的舞姿，编成了优美的孔雀舞，表达人民的愿望和理想。猎人又模仿大象的动作，挎上象脚鼓，边奏边舞，创造了热情、豪放的象脚鼓舞。

人皮鼓的传说

相传，当年康熙皇帝做了一个梦，梦见自己到西北巡游，在荒无人烟的沙碛中，忽然出现了一片绿洲，碧水西流，河旁有两棵参天大树，树上挂着金光耀眼的皇冠、玉带，旁边有一座金碧辉煌的城池，好似仙境，遂命人绘图查访。后在茫茫戈壁的桥湾（今甘肃省瓜州县）一带，只见碧水西流，河旁有两棵高大的胡杨树，上挂草帽、草腰带，与康熙梦中之景吻合，唯一不足的是少了那座金碧辉煌的城池。于是，康熙拨巨款，派程金山父子到此督建一座军事防御城，用于加强西部屯军，团结少数民族。不想，程氏父子领命到此后，见这里荒凉偏远，想着康熙皇帝日理万机，哪能来此巡游，便贪污建城银款，草草修了

一座小土城交差了事。五年后，一位钦差大臣西巡，想亲眼看一下这座耗巨资修建的城池，可是眼前只有一个小土城。于是他上奏朝廷，康熙一查到底，降旨将程金山父子处死，并将他两个儿子的头盖骨反扣在一起，中间用白银雕刻成二龙戏珠，镶成鼓架，上下鼓面用他们脊背上的皮，蒙制成"人皮鼓"，再用程金山本人的后脑勺做成一个人头碗，以警示后人。康熙皇帝又在桥湾城西北两百多米处，修建了一座皇家寺院——永宁寺，在寺院里供着康熙皇帝的龙袍马褂，并把人皮鼓、人头碗悬挂在寺院，每日击人皮鼓以警示后人，"做人要心正，做官要清正"这两句话在当地百姓间广为流传。为歌颂康熙皇帝的英明，老百姓写了"泽被无疆"四个大字献上，意思是"康熙帝的恩泽遍布祖国大江南北"。这两件文物一直陈列于甘肃省瓜州县桥湾博物馆，虽历经数百年，依旧保存完好，一旁的柜窗里还列出了清代贪官的名录，其中包括军机大臣和珅、云贵总督李侍尧等。这些人有的被处以死刑，有的还株连九族。在一块更大的展板上，则上书"以史为镜，可以知兴衰；以铜为镜，可以正衣冠；以人为镜，可以明哲理"。

另外，在山西五台山铁瓦寺有一面人皮鼓，关于这面人皮鼓有两种传说。位于东庄村的铁瓦寺，共分两院，前院叫法祥寺，后院叫台佛庵。相传，昔有夫妇二人，由于独子夭亡，来此寺修行，丈夫在法祥寺，妻子在台佛庵，妻子临终时，誓愿将己皮做鼓面，让人们千敲万击，替那些孤儿寡妇消灾。

另一个传说是，唐朝时在北台之阴有座黑山寺，黑山寺有个僧人，法号法爱。他在这黑山寺当了二十年监寺，用寺庙的钱买下许多地，占为己有，欠了孽债，需要为牛三世，才能还清。因此，他死后不久，托梦其徒弟明诲，愿剥己皮做鼓，书名于鼓上，让人们千敲万击，只有这样，才能早日赎回他的罪过，以脱其苦。其徒弟依言行之，这就是人皮鼓的由来。由于年久，鼓面早已破烂。人们所见到的鼓面直径，尚不足一尺半，鼓的一面，用颜料画出女人乳房，鼓的另一面，一条脊椎骨隐约可见，此鼓目前在显通寺后殿保存。

笔者在甘肃某县考察时，也听说一段近代有关人皮鼓的传说，据传，在20世纪40年代，西北地区有一个军阀带领部队路经此地时，在村里烧杀掠抢，无恶不作，村民们恨透了这帮土匪，就在部队离开时，乘队伍混乱，村里几个年轻人，悄悄将军阀的贴身警卫员抓了起来。村民们为了泄愤，就杀了警卫员，并将其皮蒙制了一面人皮鼓，有人把此鼓放在了当地的一座庙里，一直秘不示人，村里

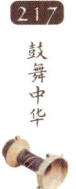

鼓舞中华

上了年纪的人，都见过这面鼓，据说，此鼓敲起来声音低沉，阴森恐怖。

苗鼓的传说

相传，远古的时候，在天坑里住着多头魔怪，它危害苗乡，糟蹋妇女，吞食孩子，无恶不作。勇敢的苗族后生亚雄，率同寨的伙伴们跳下天坑，经过七天七夜的血战，终于杀死了凶残的多头魔怪，救出了美女阿珠。全寨人扶老携幼，围着熊熊的篝火狂欢，庆贺胜利。亚雄等勇士剥下魔怪的皮，蒙制成一面大鼓，使劲敲打。据说，这就是苗鼓的起源。

背鼓子的传说

相传，明万历年间，大量移民迁至甘肃景泰，背鼓子由民间艺人带入并流传开来。据说："天将雨而商羊舞"。这里的"商羊"，传说是远古时的神鸟，行进时单足着地，另一足蜷缩收起，两足交替跳动前进。每当此鸟出现，翩翩起舞时，就会普降喜雨，滋润大地万物，因而，每当天旱时，当地百姓遂模拟"商羊"，屈一足，击鼓歌舞，祈求上苍风调雨顺、庇护苍生。从此，此鼓舞便成了人们祈望消灾免难，庆贺丰收，表达美好愿望的传统舞蹈并延续至今。所用的鼓，鼓身呈蓝色，鼓面一般用羊皮蒙制，上绘八卦太极图，称为"背鼓子"。表演者一人一鼓斜背腋下，舞动时，屈一足，单足着地交替跳动，双手持木制鼓槌敲击鼓面，做"蜻蜓点水""怀中抱月""金鸡独立"等舞姿和造型，不断变换出"十字梅""盘龙过街""众星捧月"等队形，全体鼓手击鼓节奏一致，并伴着鼓词，边舞边唱，表达着当地人对朴素的生命意识的理解和对神灵的崇拜，抒发人们期盼丰收之情。

攻鼓子的传说

汉武帝时，河西匈奴部落中有两个最大的王，一个是浑邪王，势力最大，一个是休屠王，善于作战。二王分管河西东部与西部，休屠王居住的"休屠城"，就在今甘肃武威四坝镇三岔村。元狩二年（前121年），汉武帝派将军霍去病发动了著名的"祁连山之战"，打败了浑邪王，取得了决定性胜利。紧接着霍去病带领很多兵马，攻取休屠城，连续进攻几次都拿不下来，正在兵疲粮尽的危急关头，汉军一名大将急中生智，挑选精兵强将，装扮成民间社火队的鼓手，把短兵器暗藏鼓内，混入城中，麻痹了敌人。终于，他们出其不意，里应外合，攻破城池，擒杀休

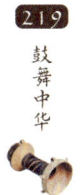

屠王，取得了战斗的胜利。之后将这种鼓命名为"攻鼓子"，含有进攻、攻击、攻城之意。

堂鼓的传说

相传，北宋崇宁年间（1102—1106年），江西庐陵有一个名叫胡安道的人在朝中做刑部秋官。此人机智善谋，审案公正，铁面无私，赏罚分明，故有"包公再世"的美称。徽宗大悦，就将宫廷的一面铜鼓赐给了他。这面铜鼓十分精致，鼓两面刻着花纹，鼓边铸有泡钉，还有四只提耳。铜鼓有7寸多高，磨盘一样大小，重25斤，轻轻一击，声如琴瑟，猛一重击，声如洪钟。人们都说这是一件吉祥器物，加之这面铜鼓乃皇上所赐，所以它就更是一件宝物了。后来，胡安道年老卸职，回到家乡，把这面铜鼓也带回家乡。全族的人听闻这个喜讯后，大礼迎接，并把铜鼓挂在宗祠里，顿时满堂金碧辉煌，光彩夺目。这样一来，可惊动了三村九寨，前来观看的人络绎不绝，胡氏宗祠被挤得水泄不通，十分热闹。胡安道说这是一件宝物，"宝不露白"，不能随便挂在祠堂里，万一被坏人盗去，岂不成了无妄之灾。大家一听，认为言之有理，就同意将这面铜鼓收藏起来。后来，邻村百姓见铜鼓被藏起来了，既见不到鼓样，也听不到鼓声，就仿照铜鼓的样式，做了一面牛皮鼓，形状一模一样，敲起来声音洪亮悦耳，于是就将之挂在祠堂里作为堂鼓，如遇急难之事，堂鼓一敲，全村的人都聚拢起来。后来慢慢演变，越用越广，逢年过节，遇婚丧庆典，擂鼓三通，气氛浓烈。舞龙灯，舞狮灯，也擂鼓助兴，成为民间不可缺少的一种乐器，一直沿用至今。无论是在热闹的庙会，还是逢年过节的庆典上，常会看到圆圆胖胖，有着红色鼓身，演奏起来气势惊人的中国大鼓，在许多传统打击乐器里，这也是一般民众最熟悉的鼓类打击乐器，而这种鼓，其实有个正式的名称，叫作"堂鼓"。

黄泥鼓的传说

黄泥鼓，传说是为了纪念瑶族祖先盘王而制作的。在瑶族人民世代传诵的史书《过山榜》中有这样的记载：瑶族祖先盘王是一位智勇双全的英雄人物，当民族处于危难之际，他挺身而出，勇闯异国，用计谋将敌人首领的头颅取回，保卫了部落人民的生命财产安全，国王遂将三公主嫁给他，并封他为王，从此人民称他为"盘王"。盘王与公主结婚后入山居住，生了六儿六女，这就是瑶族的后代。一天，盘王上山打猎，不幸被山羊撞下山崖丧生。儿女们在山下的一棵泡桐树上发现了盘王的尸体，他们悲痛

欲绝,遂把泡桐树砍下,锯成七截,制成一面母鼓、六面公鼓的鼓身,并将山羊皮剥下做鼓面,糊上黄泥浆(黄泥粘的鼓皮可以遏制鼓声的噪声,这是我国早期在鼓的音色改进上的重要发现),鸣锣击鼓悼念盘王,狠狠敲打山羊皮鼓面以解心中悲愤,这就是祭祀盘王时要击打黄泥鼓,跳黄泥鼓舞的原因,这一习俗世代流传。此后,瑶寨里凡遇丧事,都要敲击这种鼓以示悼念。鼓分公、母两种。丈夫去世,妻子要在灵柩前打母鼓、儿子打公鼓;妻子去世,丈夫和儿子都要打公鼓,这已成为瑶家习俗,世代传承。

司马懿得胜鼓的传说

3世纪中叶,魏、蜀、吴三国鼎立,各自称雄一方,争夺天下。魏国大将军司马懿为了夺取战斗的胜利,命军中乐师根据音乐中宫、商、角、徵、羽五声的关系原则,选用大鼓、大镲、鞭鼓、云锣、月锣五种各具特色的打击乐器,创编了得胜鼓鼓曲。鼓曲问世后,一直在军中沿用,将士出征,以鼓乐相送,壮扬军威;将士凯旋,以鼓乐相迎,隆重庆贺。魏明帝景初二年(238年),司马懿率四万步骑,北伐辽东叛将公孙渊,北渡黄河时,途经家乡温县,在县城南门外济水河东岸的虢公台上,宴请地方官吏和父老乡亲。宴会上，司马懿命乐队演奏得胜鼓助兴，震天动地的鼓声隆隆作响，久久在天地间回荡，令人心旷神怡，荡气回肠。司马懿更是神采飞扬，欣喜若狂，慨然作歌："天地开辟，日月重光。遭逢际会，毕力遐方。将扫逋秽，还过故乡。肃清万里，总济八荒。告成归老，待罪舞阳"。激动人心的情景令众乡亲感慨万分，他们被得胜鼓优美的鼓声所震撼，纷纷恳求将此鼓曲赐给家乡，司马懿欣然应诺，立即令人予以传授，从此，鼓曲便由军队传入民间，被后人称之为"司马懿得胜鼓"。

基诺族大鼓的传说

基诺族有本民族的创世神话传说，基诺族的祖先认为，世间万物都是由女神"阿嬷腰北"创造的，然而，她创造的这个世界每天争吵不休，互相残害，便决定把世界毁灭了重新创造。她把一对亲兄妹"玛黑"和"玛妞"放入一个形似太阳的大木鼓中，然后造出七个太阳，晒死了很多动植物，又发起洪水淹没了整个世界。"玛黑"和"玛妞"在大鼓里漂泊了七天七夜之后，洪水退去，他们破鼓而出，后来，他们成婚并繁衍了基诺族，因此，基诺族人一直视大鼓为神物。

萨满教神鼓的传说

早先，萨满跳神时只有降妖铃，没有神鼓。那么后来怎么又多了一面神鼓呢？传说很早以前，太上老君在花鼓山山顶的神堂里放着一面神鼓，这面神鼓一敲咚咚地响，上通天上各路神仙，下通地狱各类妖魔，如有谁在人世作乱，神鼓一敲，不管你有多深的道行、多大的法术，立即化成一摊水。有个萨满听说了这件事，寻思着用这面神鼓来整治妖魔，掌握人世，比他亲去上苍请神仙要省事多了。他想把这面神鼓借来，可神鼓在花鼓山山顶的神堂里，有一群猴子整日把守，常人进不去。萨满决定到花鼓山去探探虚实，他离开老家一直往南走，整整翻过一百座高山，跨过一百条大河，来到了花鼓山下，他往上一看，只见山顶上大猴儿小猴儿、胖猴儿瘦猴儿、瘸猴儿瞎猴儿，里三层外三层，满山遍野，把个神堂围得水泄不通，风雨不透。他正琢磨如何能上得去，迎面呼啦啦来了一队巡逻的猴儿，一时间弄得他想藏又藏不了，想躲又躲不及，一看旁边有个烂泥洼子，他灵机一动就跳进泥洼中，在里面滚了几个个儿，泥乎乎躺着一动也不敢动，猴子巡逻到跟前，一看全乐了，领头的老猴儿说："据说人世都供泥佛陀，咱也没瞧见过什么样儿，看这个泥人，八成就是泥佛陀，咱们干脆把他抬回神堂去供上。"猴子们齐声说好，大伙儿抬腿的抬腿，捧脑壳的捧脑壳，擎胳膊的擎胳膊，拽耳朵的拽耳朵，把萨满抬了起来。萨满连气也不敢喘，就像死人一样，放任群猴捉弄，群猴把萨满抬到神堂，蹑手蹑脚地放下，摆好位置。老猴儿得报，马上传令花鼓山上行三天大祭，表示对泥佛陀的敬服。它们在神位前点燃了香，供上了山上的百样仙果，老猴儿带领群猴，一排排地跪下叩首。末了，老猴儿从墙上摘下神鼓，一边咚咚地敲一边唱，群猴跟着伸胳膊抬腿地跳起舞来。猴子们大祭三天，萨满饿了三天，眼瞅着一盘盘仙果供品，一动不敢动，可算熬到了第四天，老猴儿命群猴上山采药去了，只留下一只瞎猴儿、一只瘸猴儿看家。萨满见瘸猴儿上外面玩去了，瞎猴儿在一旁打瞌睡，赶忙拿了些供果吃，吃饱了从神堂上跳下来，摘下墙上挂的神鼓，出门就向山下跑。瘸猴儿正在门口玩，一看泥佛陀抱着神鼓往山下跑，就一瘸一拐地跟在后面往山下追，一边追一边喊："不好了，泥佛陀把神鼓偷跑了。"瘸猴儿这一喊，老猴儿领着群猴蹭蹭地从山上飞也似的下来了，向前紧赶萨满，眼瞅着要追上了，萨满急中生智，赶忙从怀里掏出一把木梳扔在地上，群猴看到木梳，这个说"给我梳梳毛"，那个一把夺过去，说"我还没梳呢"。这个也梳，

225

那个也要的，萨满趁这工夫跑远了。老猴儿一看，可不好了，大声喊着"快追"，群猴又蹭蹭飞也似的追上去了。萨满又从怀里掏出一把篦子扔在地上，猴子获得篦子，又围了起来。这个说"给我刮刮虮子"，那个说"给我刮刮毛"，老猴儿怎么呵斥，群猴也不听。等挨个儿刮完了，萨满已跑到山底下，过河去了。老猴儿一看，心想完了，猴子怕水，过不去河。就这样，萨满把神鼓借回家，一直没归还。这神鼓也叫"钢圈鼓"，就是萨满跳神时手里拿的那面鼓。从此，人们就口口相传一句话："老君留下钢圈鼓，圣人留下降妖铃"（降妖铃就是萨满跳神时腰上系的那一排铜铃）。

参考文献

［1］钱玄等注译.周礼.湖南：岳麓书社，2002.

［2］[汉]许慎撰，马哲编著.说文解详解.北京：北京联合出版公司，2015.

［3］杨天才译注.周易.北京：中华书局，2016.

［4］冯国超译注.山海经.北京：商务印书馆，2016.

［5］王宁宁.中国舞蹈史.北京：文化艺术出版社，1998.

［6］杨先让，杨阳.黄河十四走.北京：作家出版社，2003.

［7］牛龙菲.敦煌壁画乐史资料总录与研究.兰州：敦煌文艺出版社，1991.

［8］郑汝中.敦煌壁画乐舞研究.兰州：甘肃教育出版社，2002.

［9］邓小娟.秦安羊皮鼓舞的文化解读.天水师范学院学报，2004（6）.

［10］杨兴普.永登史话.兰州：甘肃文化出版社，2004.

［11］彭吉象.艺术学概论.北京：高等教育出版社，2019.

［12］路玲.兰州太平鼓的传承与发展.中国文化报，2005.

［13］王永锋.武山史话.兰州：甘肃文化出版社，2004.

［14］范兴儒.敦煌菩萨.兰州：甘肃文化出版社，2000.

［15］薛麦喜.黄河文化丛书·艺术卷.太原：山西人民出版社，2001.

［16］杨玉兰.天下第一鼓——兰州太平鼓.兰州：甘肃人民美术出版社，1997.

［17］郭承录.武威史话.兰州：甘肃文化出版社，2007.

［18］《兰州文物》编辑委员会.兰州文物.兰州：甘肃人民美术出版社，1996.

［19］杨福茹.舞动的皮鼓——蒙古族民间鼓舞浅析.内蒙古大学艺术学院学报，2009（1）.

［20］祝中熹.纹饰鲜明史前鼓.甘肃日报，2003.

［21］海和平.甘肃鼓文化探考.兰州：甘肃文化出版社，2008.

［22］蒋廷瑜.古代铜鼓通论.上海：上海古籍出版社，2006.

［23］祁文源.中国音乐史.兰州：甘肃人民出版社，2002.

［24］郎树德，贾建威.彩陶.兰州：敦煌文艺出版社，2004.

安塞腰鼓

刘成章

一群茂腾腾的后生。他们的身后是一片高粱地。他们朴实得就像那片高粱。

咝溜溜的南风吹动了高粱叶子，也吹动了他们的衣衫。

他们的神情沉稳而安静。紧贴在他们身体一侧的腰鼓，呆呆地，似乎从来不曾响过。

但是，看！——

一捶起来就发狠了，忘情了，没命了！百十个斜背响鼓的后生，如百十块被强震不断击起的石头，狂舞在你的面前。骤雨一样，是急促的鼓点；旋风一样，是飞扬的流苏；乱蛙一样，是蹦跳的脚步；斗虎一样，是强健的风姿。黄土高原上，爆出一场多么壮阔、多么豪放、多么火烈的舞蹈哇——安塞腰鼓！

这腰鼓，使冰冷的空气立即变得燥热了，使恬静的阳光立即变得飞溅了，使困倦的世界立即变得亢奋了。

好一个安塞腰鼓！

百十个腰鼓发出的沉重响声，碰撞在四野长着酸枣树的山崖上，山崖蓦然变成牛皮鼓面了，只听见隆隆——隆隆——隆隆——

百十个腰鼓发出的沉重响声，碰撞在遗落了一切冗杂的观众的心上，观众的心也蓦然变成牛皮鼓面了，也是隆隆——隆隆——隆隆——

好一个安塞腰鼓！

后生们的胳膊、腿、全身，有力地搏击着，疾速地搏击着，大起大落地搏击着。它震撼你，烧灼你，威逼着你。它使你从来没有如此鲜明地感受到生命的存在、活跃和强盛。它使你惊异于那农民衣着包裹着的躯体，那消化

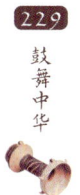

着红豆角角老南瓜的躯体，居然可以释放出那么奇伟磅礴的能量！

黄土高原哪，你生养了这些元气淋漓的后生。也只有你，才能承受如此惊心动魄的搏击！

好一个黄土高原！好一个安塞腰鼓！

每一个舞姿都充满了力量。每一个舞姿都呼呼作响。每一个舞姿都是光与影的匆匆变幻。每一个舞姿都使人战栗在浓烈的艺术享受中，使人叹为观止。好一个痛快了山河、蓬勃了想象力的安塞腰鼓！

愈捶愈烈！痛苦和欢乐，生活和梦幻，摆脱和追求，都在这舞姿和鼓点中，交织！旋转！凝聚！升华！

人，成了茫茫一片；声，成了茫茫一片……

当它夏然而止的时候，世界出奇的寂静，以致使人感到对它十分陌生了。

简直像来到另一个星球。耳畔是一声邈远的鸡啼。

鼓舞太平

北辰

何等震撼，又是何等的雄浑大气，这就是兰州太平鼓！

因为灾难，它曾经降魔驱邪；因为战争，它常常祈祷和平，伴随着时代的足音，兰州太平鼓越过了昨天的苦涩和深重，步入了清明景和的太平盛世，隆隆鼓声，振发出滚烫的血性和激情，更加焕发出昂扬向上、恢宏恣肆的精神气韵。

在晨光熹微的黎明或暮色苍茫的黄昏凝神谛听，一种天籁般的声音撞击耳鼓，如天际惊雷滚滚而来，又似排空海啸席卷而去；在一碧如洗的星夜或混沌圆融的梦乡注目远眺，会有一种撼人心旌的视像夺人眼目，如万里长河悄然游走，似逶迤群峰安伏不动。它是什么？只有亿万万声呐喊和齐吼才能迸发出如此大的声音，也只有亿万万个胆量的合力才能凝聚起如此无畏的魂魄，它就是具有五千年悠久文明历史的中华民族的图腾标志——龙，一个天地精灵的集大成者，一个体现了人类团结、进步的大智慧！

鼓舞中华

我们骄傲，因为我们是龙的传人，我们有幸生活在龙的国度——中国！

我们自豪，因为龙的声音就是太平鼓的声音，太平鼓的声音就是我们的声音！

兰州太平鼓，只有在西北汉子的手中擂响时，才真正显示出顶天立地、气贯长虹的精神风貌，一种海纳百川、势不可当的胸襟气度，一种成熟稳健、放眼未来的竞争心态，在经济前沿的互通领域，为西部的繁荣兴旺发挥了愈来愈重要的信使和桥梁的作用。

我们自豪，是因为兰州太平鼓的舞姿与巨龙的回旋飞腾浑然一体，向四方传递着甘肃乃至全国人民的意志和心声；我们骄傲，当天下第一鼓在天安门广场国庆盛典上用新时代的大槌擂响时，它昭示着黄土地的崛起、竞争、超越，这亢奋的节奏分明是乐观、自信、奋发的生命巨流在拥抱着未来的曙光。

（该文为中华人民共和国成立五十周年
兰州太平鼓进京演出解说词）

威风锣鼓

九曲黄河，以难以驾驭的性格奔腾东去，一泻千里。黄河的轰鸣，震撼着岸侧的云中古城。就在这饱经风霜的城墙脚下，从历史的皱褶里，飘飞出一首沧海桑田的歌谣。云中人喝黄河混浊的乳汁长大，一代又一代、一年又一年，流淌着坚韧的汗水、肩负着沉重的期盼。不屈不挠的双手，终于叩开了机遇的大门，硬是在古城的废墟里升腾起一颗璀璨的明珠。于是，一腔喷涌的热血点燃了，一曲雄浑壮阔的威风锣鼓敲响了！

改革开放的春风吹醒了尘封的岁月，威风锣鼓的音符坚定了奋进的信念。一声声蕴藏着无限活力的旋律，像林中的响箭，像暗夜的惊雷；是强者胸腔里迸发出的带血的灵魂，是云中人几千年蓄积的高亢的呐喊！那一双双饱蘸豪情的鼓槌上，不停地播种着勤劳致富的梦想，不停地吟唱着翻天覆地的激昂。心血与汗水，荣辱与艰辛，在纯熟的击打中缠绕在一起；苦涩与甘甜，眼泪与赞歌，在精湛的击打中交织在一起。和着与世纪脉搏合拍的节奏，悠长

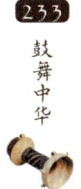

鼓舞中华

而豁达，明快而欢畅。汇成小溪，温情脉脉；汇成大河，汹涌澎湃。这飞溅的音符，使心田漫过清泉，使心坪拂过绿意，使心湖洗过骤雨，使心疆驰过奔蹄。这，才是百分之百的豪放！

擂起，如海啸般怒吼，深沉、巨大、壮阔，像旷野雄师抖鬃狂嘶；敲响，如火山般喷发，勇敢、迅速、磅礴，像深山猛虎昂首劲啸。气贯黄河水，声撼阴山石！四海的波涛、五洲的风云，季节的色彩、时代的气息，融入这潇洒淋漓的锣鼓声中，塑造着执着永恒的完美，编织着绚丽多姿的浪漫。

不再有干涸龟裂的呜咽，不再有冒烟发黄的哀叹；莫让时光在静夜中悲啼，莫让韶华在荒废中痛喘。"两脚踏翻尘世路，一肩担尽古今愁"！听着这铿锵遒劲的锣鼓声，使你胸怀酣畅，精神振奋；使你耳目为之一新，心潮为之奔腾。这荡魂摄魄的伟力，钻进你的耳中，透过你的胸臆，渗入你的血脉。刹那间，你猛然感悟了太阳的炽热，你蓦地产生了追赶浪潮的冲动。

再也锁不住恣意驰骋的思绪，再也挽不住纵情放飞的心弦。这浩浩汤汤，扶摇直上的气派，不正是家乡人民建设新生活的积极性？那震天撼地、势如破竹的气概，不正是古云中腾飞的勃勃生机？

啊，朋友，伸出我们深情的双手，采撷这跳跃的音韵；挥起我们豪迈的巨笔，书写这动人的辉煌；张开我们刚劲的臂膀，托起明天那轮火红的太阳。

（该文选自威风锣鼓演出解说词，作者不详）

西部鼓魂

一群剽悍壮实的汉子，黑色的紧身衣裤，脸上用色泽鲜艳的油彩画出或夸张或狰狞或热烈或怪异的脸谱，裹头的黑布上插着两根雉鸡的彩色尾毛。脚上还套着一双缀着红缨穗的黑布鞋。用牛皮蒙在圆柱形的筒子两面制成的粗大腰鼓，被一条穿过肩头的红布带子斜斜地挂住，然后又被一根红腰带紧紧束在腰上。攥着红绫子缠绕的鼓槌子的手就无力地垂落在腰鼓的边上。他们静谧地站在那里，似一群黑黝黝的鬼魅，又似一群卡通片中铁铸的机器人。石羊河里的水就在他们身后汩汩流淌着，河对岸是一大片开了花的芦苇，再远处是一望无际的酸柏刺藤林。忽然，只听得一声断喝，高崖下的河湾里猛地炸开一阵震荡四野的巨声——咚吧嗒咚！咚吧嗒咚！咚吧嗒咚！……于是，似出征的匈奴铁骑，似狩猎的荒原猎人，似驱神逐鬼的原始巫师，又似祭祀庆典的蛮荒先民……一种别开生面的凉州民间鼓舞就在这个河湾湾里演开来……咚吧嗒咚！咚吧嗒咚！咚吧嗒咚！……鼓声渐渐地由平缓而激烈，由激烈而愤懑，再由愤懑而疯狂，最后，激荡的鼓声再也没有了咚吧嗒咚的韵律，充斥满耳的只有一种咚咚咚咚的声音！一刹那，这些剽悍壮实的汉子便如神灵附体的鬼魅，一下子在河湾里散了开来。似飓风吹过平静的海面，奔马驰过寂寥的荒原，伴随着激越的鼓声，他们呐喊着，疾驰着向你奔涌而来，咚咚咚咚！咚咚咚咚！令你惊讶的是这群平日里木讷漠然的汉子咋就有了这般的神采和这般的轻灵。

你瞧他们，一擂起来就不顾命，一捶起来就发了狠。激越的鼓声中，他们舞蹈着，跳跃着，在忘情的舞蹈中忘记了自己和身外的一切。充斥耳中的只有咚咚咚咚！咚咚咚咚！……鼓声更加激越、更加急促，当激越急促达到极限时，那鼓声猛地顿住了！那一刻，鼓手们攥着鼓槌的一只右手就定格在了半空中。俄顷，伴随着一声断喝，右手的鼓槌重重地落在了牛皮鼓面上。咚吧嗒咚！咚吧嗒咚！咚吧嗒咚！鼓声又回归于原来铿锵有力的韵律。在这铿锵有力的鼓声中，一出出带有原始气息的凉州鼓舞就沿着子丑寅卯辰巳午未的时序传递开来，鼓声韵律更趋复杂，时而激越时而平缓，踩着乾坤巽震坎离艮兑八卦方位的鼓手们也就在河滩上摆开了一个个古老的阵势。一忽儿四面楚歌，一忽儿十面埋伏，此时，一幕幕古老的历史就幻化在我们的眼前，一段段离奇的传说就飘散在我们的耳畔……

鼓舞中华

咚吧嗒咚！咚吧嗒咚！咚吧嗒咚！石羊河畔，高崖下的河床上冉冉升起的阵阵尘雾中就这样舞蹈着一群精灵。看着一张张或夸张或狰狞或热烈或怪异的各种各样的戏剧脸谱在升腾的尘雾中不时激荡，就令人陡生一种发自心底的惊叹：这真是一种包含着最粗犷最细腻最丰厚最悠长的情感底蕴的民间鼓舞啊！你听，那震荡四野的鼓声似乎浸染着刻骨铭心的爱与恨，那飞扬灵动的身姿似乎交织着一种透彻骨髓的悲欢！流传在凉州城北乡的这种古老原始的攻鼓子，不就是这片神奇而厚重的土地上生长的一种"滚石乐"吗！

咚吧嗒咚！咚吧嗒咚！咚吧嗒咚！……忽然，又是一声断喝，鼓手们攥着鼓槌的一只右手再一次定格在了半空中。俄顷，右手的鼓槌又重重落在了牛皮鼓面上，只听得咚的一声，那些震荡四野的巨响就戛然而止了。鼓手们仍然静谧地站在那里，似一群黑黢黢的鬼魅，又似一群铁铸的翁仲。石羊河里的水就在他们身后汩汩流淌着，河对岸是一大片开了花儿的芦苇，再远处是一望无际的酸刺柏藤林……

好个攻鼓子——凉州黎民之魂、凉州厚土之精！

（作者不详）

238

旋风之舞

薛潇

　　天水旋鼓，一种天水民间舞蹈形式，这种旋鼓舞由青壮男性表演，少则十几人，多则数百人，粗犷豪放，气势雄浑，奔放而不乏细腻，节奏明快而长于抒情。

　　生活在天水，我多次观看过这独具特色的天水民间旋鼓舞。每一次，我都会感到震撼，每一次，我都会心情激荡、血脉偾张。就在此时此刻，当我在纸上写下"天水旋鼓"这四个汉字时，那动人心魄的鼓声即已远远而来，在我的手指上跳跃，在我的胸怀间回响，让我在这寂静的冬日里感到周身充满了力量，天水旋鼓，一种美丽的舞！

　　旋鼓之美，美在其声其响。那是一种铿锵之声、轰烈之响，虽不是惊天动地，但足以惊心动魄。夸张地说，它甚至比雷鸣还要惊人，因为它是我们民族的内心轰鸣。但有时，它又隐若无声，甚至比我们心跳的声音还要小，那就是我们屏声敛息时的默默心跳。所以旋鼓之声，就是一种生命的抑扬顿挫之声，它对应的正是我们人间光的明暗、味的苦甜、情的爱恨、风的冷暖……每次面对天水旋鼓，我都会想到风，我觉得天水旋鼓也许本来就是一种因风而生的物，也是一种因风而生的命，我觉得它的创作者一定于风吹万物之中获得过伟大的灵感，因为风风火火、轰轰烈烈，行于所当行，止于所当止，正是天水旋鼓的动作特色，于是哪里有天水旋鼓在表演，哪里就会出现一场金黄的旋风。

天水旋鼓，就是天水旋风。

旋鼓之美，也美在其形其姿。在无风云出塞的天空之下，在"不夜月临关"的大地之上，在咚咚鼓声之中，人们在纵情舞蹈；踩其足而捶其胸兮，挥其手而扬其眉；奋其意而飞其志兮，仰望其天兮俯察其地……面对这样的人生之舞，我常常会产生这样的幻觉：那绝对不是一些肉眼凡胎的人在舞蹈，那简直就是一川秦安的麦子在舞蹈，是满山甘谷的玉米在舞蹈，是张家川的百里麻香在弥散芬芳，是清水的庞公石正在展现千姿百态……是风之舞，是雨之舞，是大地之舞，是阳光之舞！旋鼓之美中更有一美，那就是美在它深远的历史文化根基，美在它是一种天水大地的招魂之舞。天水大地，曾经沉睡得太久！谁都没有想到，在街亭古战场的附近，在大地湾，在历史的碗沿上，有一队8000年前的先民正在手拉手跳舞，然而，在时间的嘴边，那一个久远的谜，终于在1978年被一位五营乡的农民一镢头说破了。那一天，风大惊失色，风抬起自己的脚，风差点踩破了一个中华文明珍贵的陶罐。我们终于听懂了陶片的话语。我们终于进入了8000年前的村寨，看到了他们团聚在大地湾F901号厅堂的舞蹈——古老而伟大的舞蹈啊，我们祖先遥远的手语啊！必须有一种舞蹈，在8000年之后，重新活跃在这块土地上，我们必须用我们自己的舞蹈，来为我们生活在大地之湾的祖先们招魂。

这个舞，就是天水旋鼓！天水旋鼓就是这样一种古老的舞蹈，它从历史的那一头遥遥而至，像喧闹的夏天踩着雷的鼓点由远而近，像伏羲的子孙们踩着巨人的脚印手舞足蹈而来，鼓声之中，无数天水历史文化人物的身影一一呈现：采五色石以补苍天的女娲；观象于天，观法于地，肇启文明的伏羲；东出潼关，马蹄声碎的秦人；横刀立马誓扫天骄的射虎飞将军；公元759年秋风苍鬓书写着秦州杂诗的杜甫；抬棺上殿宁折不弯的陇上铁汉安维峻；奔走北国宁息战火的和平使者邓宝珊……鼓声之中，他们从不同的朝代走到了一起，他们紧握双手互相问安，他们拍打着肩膀称兄道弟，他们让历史发出或沉闷或激越的动人声响。

这就是天水旋鼓——天水的灵魂之舞！旋鼓之舞，是古老之舞，也是时尚之舞，因为天水旋鼓的最终目的，仍

然在于表达天水人在这个崭新时代里的疼痛与喜悦。所以，鼓声当中跳荡着的，更多的应该是我们美丽的生活现实，比如五月的三阳川，油菜花正在开放，热烈的开放几乎就是热烈的舞蹈，几乎就是一片激动的金黄，或者就是一片金黄的激动；比如七月，猛烈的珠子雨，落到了天水娘娘坝的屋脊上，一颗明亮的雨珠被一分为二，从此南北一方，或入长江，或入黄河，各自奔流向自己的命运；比如雄秀的麦积山、大象山、水帘洞以及我们那些众多的山梁与峰峦、河谷与流水、村落与城镇，它们无不在阳光下起伏、延展、闪耀，也无不在鼓声里跳动、前进、辉煌。天水旋鼓，也是天水的现实之舞！鼓声响处，天空里闪过凤凰的身影，大地上掠过狂舞的金蛇，至美的旋转之鼓声，几乎就是阳光凝成的诗句，也几乎就是阳光率意而为的舞蹈，而丝丝缕缕的风，就是阳光手里丝丝缕缕的万千飘带。这哪里是什么舞蹈，这是大地正在伸展他的腰身，是天空正在拖动他的座椅，这几乎就是天水人的骨骼正在铿锵作响，它预示着天水人正在攥紧了自己的拳头意欲有所作为。

鸣金为退，击鼓为进，所以天水旋鼓者，实在是天水人于此水天之际侧身大地之湾的奋勇前进之声！也实在是这块古老的土地与崭新时代给予天水人的巨大鼓舞。

后记

　　拙作收尾，顿觉轻松，掩卷深思，意犹未尽，让我们共同高歌一曲由何颖哲先生作词的戏歌，来诠释中国鼓的文化内涵，抒发对鼓的钟爱之情，让鼓声敲击出新时代的最强音，共享太平盛世的安康与繁华。

鼓舞中国

神州鼓，声声震，翘首相望，
家和人兴旺，人和万年长。

鼓舞中华

今宵鼓最响，响鼓声声震，举世望东方。

神州鼓，日升月落，敲打出万年激荡。

神州鼓，风吹雨打，锻造出世上铮铮炎黄。

只见得，左昆仑，右太行，擎天臂膀。

只见得，踏黄河，跨长江，亿万人心动。

汇一声鼓响，一声声鼓响，一次次昂扬。

奥运鼓响，八方点将，神州鼓响，笑傲穹苍。

今宵鼓响，合家欢畅，明朝鼓响，日出东方。

千家万户，合力一方，鼓舞朝阳。

2021年6月20日

畜禽养殖粪污资源化利用实用技术

畜禽养殖粪污资料
实用技术

XUQIN YANGZHI FENWU ZIYUANHUA

罗国洋　王生明　朱向卿

罗国洋　王生明　朱向卿　◎　主编

西北农林科技大学
出版社

西北农林科技大学
Northwest A&F Universi